Ganchillo

PASO A PASO

Ganchillo

PASO A PASO

Claire Montgomerie

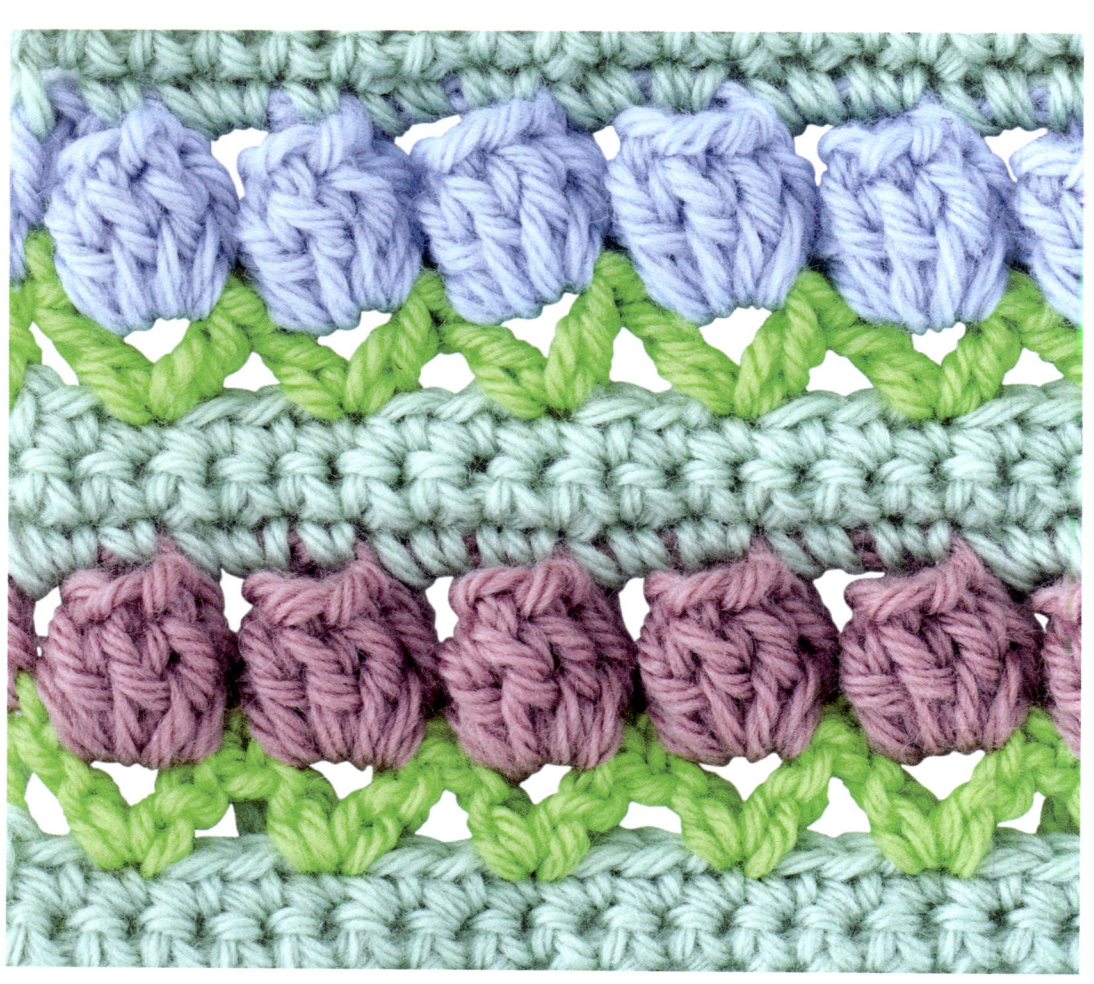

Contenido

Introducción

El tejido de ganchillo, o croché, es sencillo, llevable y versátil. Basta con un simple ganchillo e hilo para crear una infinidad de bonitos puntos de aspecto muy diferente. Divertido, rápido y fácil de aprender, no es de extrañar que hacer ganchillo sea un pasatiempo tan maravillosamente adictivo, además de relajante.

HISTORIA DEL GANCHILLO

Es difícil saber cuán antiguo es realmente el arte de tejer a ganchillo, ya que no existen instrucciones escritas de puntos realizados con esta técnica anteriores a finales del siglo XIX. Hasta entonces, simplemente se pasaban oralmente de generación en generación. Algunas personas tendrían un álbum o una caja llenos de muestras tejidas por ellas mismas y su familia, que reproducirían a ojo. Cuando, hace años, tuve el placer de descubrir uno de esos muestrarios del siglo XIX conservado por Rachel Kay-Shuttleworth para su amplia colección de tejidos de Gawthorpe Hall, en Lancashire (RU), me sorprendió su gran similitud con las publicaciones actuales, con la salvedad de que solo contenía escuetas notas para describir los puntos, en vez de las detalladas instrucciones de hoy.

EL ENCANTO DEL GANCHILLO

Hoy, los cuadrados tradicionales y el encaje de ganchillo pisan fuerte en las pasarelas en prendas atrevidas de colores llamativos, mientras que las colchas de patchwork de ganchillo son unas de las labores preferidas de los grupos de manualidades. El hecho de que motivos tan simples como el cuadrado tradicional se adapten tan bien a la moda y la decoración contemporáneas demuestra claramente por qué el ganchillo ejerce tal magnetismo: su encanto está en su sencillez. Para empezar solo se necesita un ganchillo y un ovillo de hilo, y generalmente solo habrá un punto en tu ganchillo a la vez. Solo existen unos pocos puntos básicos, cada uno de los cuales se construye a partir del anterior, que pueden combinarse para crear una infinidad de motivos y tejidos fantásticos. Tejiendo a ganchillo avanzarás muy rápido y de paso te divertirás un montón.

TEJIDOS DE GANCHILLO

Según qué puntos combines y qué ganchillo elijas, podrás crear tejidos densos y pesados, o ligeros y etéreos encajes. La gama de efectos posibles es infinita. Algunos tejidos de ganchillo casi parecen de punto hecho con agujas, mientras que otros,

más complicados, se desarrollaron específicamente a caballo del siglo xx como una alternativa barata a las costosas telas de encaje. Los motivos intrincados pueden dar lugar a tejidos delicados, tridimensionales, florales vaporosos, sorprendentemente escultóricos o geométricos de colores atrevidos. De hecho, el color hace que el ganchillo dé lo mejor de sí. Pese a que este libro dedica una sección al ganchillo multicolor (pp. 90–115), te animaría a jugar con rayas de colores de todos los puntos que contiene, ya que el tejido de ganchillo luce con todo su esplendor cuando se utilizan distintos tonos.

LOS PUNTOS DE ESTE LIBRO

Creo que un muestrario de puntos es una excelente herramienta para experimentar. Este libro comprende algunos de los puntos ya existentes preferidos, mi propia versión de un clásico o el resultado de jugar con los puntos básicos. He disfrutado mucho tejiendo estas muestras, que te servirán de inspiración para dar alas a tu propia creatividad.

Si eres principiante, dirígete a la primera sección, donde se explican los puntos más sencillos y sus variantes. A partir de aquí se van añadiendo técnicas cada vez más complejas a fin de que ganes confianza para probar un nuevo punto a medida que avances. Si necesitas más ayuda sobre la terminología o las técnicas básicas, consulta las pp. 13 a 17.

Mientras escribía este libro me lo pasé en grande jugando con los puntos, con tantas ideas para diseños diferentes bullendo en mi cabeza que tenía que anotarlas de inmediato. Esto es lo que habría que hacer al trabajar con un libro de muestras, y espero que a ti te pase lo mismo. Te recomiendo que guardes tus mejores muestras de prueba para tu propia consulta y que anotes todo lo que utilizaste para cada una, como debieron de hacer nuestras antepasadas, ya que todo ello tendrá un valor incalculable, pero no olvides que lo importante es disfrutar.

Ganchillos

Existen ganchillos de una gran variedad de materiales y formas. Los finos ganchillos tradicionales de metal son baratos y se usan mucho, pero los que tienen mango son más fáciles de sujetar y, por lo tanto, resultan más cómodos, especialmente para personas con problemas de movilidad manual. Conviene probar distintos tipos de ganchillo hasta encontrar el que mejor se adapte a tu mano y a tu manera de sujetarlo.

GANCHILLOS

El tamaño de un ganchillo lo determina el grosor de su varilla. Esta se estrecha hacia el gancho de la punta, pero es el diámetro de su parte más gruesa, medido en milímetros, el que expresa el tamaño (p. 9). Generalmente el grosor del hilo determina la elección del tamaño del ganchillo: cuanto más grueso sea el hilo, más lo será también el ganchillo que necesites, y viceversa. Teje una muestra para decidir el tamaño de ganchillo adecuado para el hilo y el punto elegidos. Cualquier cambio de tamaño de ganchillo afectará a la tensión de la muestra y, por tanto, al aspecto del punto. Prueba los puntos de este libro primero con un hilo de peso medio y un ganchillo de 4 o 4,5 mm, con varilla de metal y preferiblemente algún tipo de mango que lo haga más cómodo, ya que estos son el peso de hilo y el tamaño de ganchillo más fáciles de usar.

GANCHILLOS DE METAL ESTÁNDAR

Los tradicionales ganchillos rectos de acero son económicos, pero pueden resultar incómodos, sobre todo los más finos, ya que tienen poca superficie para sujetarlos y cuestan de manejar. Por esta razón hoy se les suele añadir un mango de diversos materiales, como silicona o madera, para facilitar la sujeción, algo especialmente útil de cara a evitar lesiones por presión repetitiva y para quienes tienen una movilidad manual limitada. Los hay con un mango ergonómico moldeado para encajar en la mano y reducir así el esfuerzo. Los modelos de este tipo suelen convenir a quienes sujetan el ganchillo como un cuchillo (p. 16), ya que el mango reposa dentro de la palma para que el ganchillo quede equilibrado.

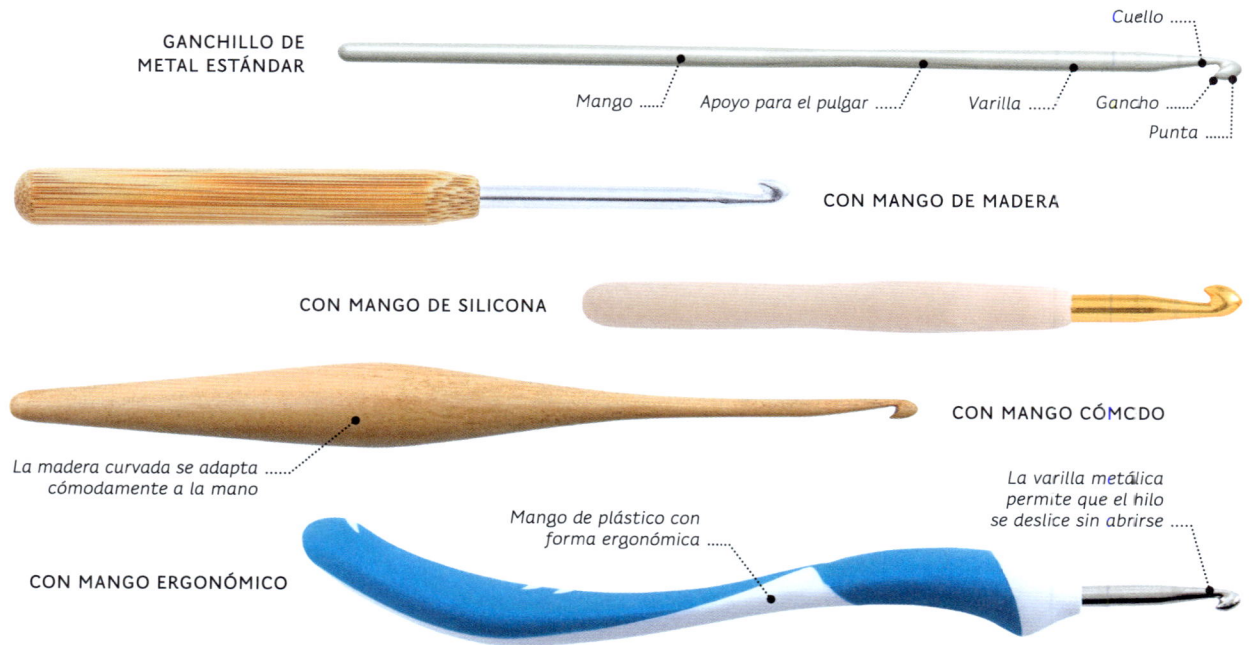

GANCHILLO DE METAL ESTÁNDAR

Cuello ......

Mango ...... Apoyo para el pulgar ...... Varilla ...... Gancho ......

Punta ......

CON MANGO DE MADERA

CON MANGO DE SILICONA

CON MANGO CÓMODO

La madera curvada se adapta cómodamente a la mano ......

La varilla metálica permite que el hilo se deslice sin abrirse ......

Mango de plástico con forma ergonómica ......

CON MANGO ERGONÓMICO

OTROS MATERIALES

Los ganchillos de bambú o madera se fabrican en muchas formas y tamaños, e incluso se tallan para crear mangos decorados o ergonómicos que resultan bonitos además de cómodos. Elige los que tengan la punta afilada, el gancho profundo y un acabado liso y suave, ya que un gancho plano y un acabado rugoso harán que el hilo se enganche.

Los ganchillos más gruesos suelen ser de plástico para que pesen poco y sean fáciles de manejar. Estos tienden a pegarse al hilo algo más, lo cual dificulta el deslizamiento del ganchillo si acostumbras a tejer prieto.

TIPOS DE GANCHILLO

Ganchillos de madera

Además de bonitos, los ganchillos de maderas duras y de bambú son más ligeros que los de metal. Sin embargo, los ganchos no siempre son lisos y pueden enganchar el hilo, así que espera a familiarizarte con los puntos antes de probar un ganchillo de madera.

Ganchillos de metal

Algunos ganchillos de aluminio se fabrican en colores vivos que identifican cada tamaño, algo muy útil para elegir el adecuado de un vistazo.

Ganchillos jumbo

Los ganchillos más gruesos, desde 10 hasta 20 mm, se fabrican en plástico. Se utilizan para tejer materiales gruesos con rapidez.

TAMAÑOS DE GANCHILLO

Los ganchillos de fabrican en varios tamaños, o grosores. Los milímetros corresponden al diámetro de la varilla, que determina el tamaño de los puntos. Pese a que los ganchillos de tamaño medio (de 2,5 a 6 mm) son los más usados, también se usan otros mucho más finos, para encaje, o muy gruesos, para trabajar con hilos voluminosos.

TABLA DE CONVERSIÓN

Esta tabla muestra la equivalencia entre los diversos sistemas de tamaño del ganchillo. Si no existe correspondencia exacta, se da la más aproximada.

SISTEMA MÉTRICO	INGLÉS ANTIGUO	EE. UU.
0,6 mm	—	14 steel
0,75 mm	—	12 steel
1 mm	—	11 steel
1,25 mm	—	7 steel
1,5 mm	—	6 steel
1,75 mm	—	5 steel
2 mm	14	—
2,25 mm	—	B-1
2,5 mm	12	—
2,75 mm	—	C-2
3 mm	10	—
3,25 mm	—	D-3
3,5 mm	9	E-4
3,75 mm	—	F-5
4 mm	8	G-6
4,5 mm	7	7
5 mm	6	H-8
5,5 mm	5	I-9
6 mm	4	J-10
6,5 mm	3	K-10½
7 mm	2	—
8 mm	—	L-11
9 mm	—	M-13
10 mm	—	N-15
12 mm	—	P
15 mm	—	Q (16 mm)
20 mm	—	S (19 mm)

Otros útiles

Para hacer ganchillo apenas se requiere algo más que un ganchillo e hilo, pero en ocasiones y para trabajar con más eficiencia puede ser útil tener a mano algunos de estos artículos de mercería.

AGUJAS

Para las costuras y para rematar los cabos sueltos es esencial una aguja lanera o de tapicería con la punta roma. Esta punta permite pasar la aguja entre los puntos sin atravesar el hilo y conseguir así un acabado pulido. Conviene tener varias agujas de distinta longitud y distinto tamaño de ojo adecuadas para distintos grosores de hilo.

AGUJA DE TEJER GRUESA

Una aguja de hacer punto muy gruesa, como la que se muestra abajo, utilizada junto con un ganchillo normal, es ideal para crear las grandes lazadas del punto peruano (pp. 132–133), en lugar del palo de escoba que se usaba antiguamente.

MARCADORES DE PUNTOS

Los marcadores son prácticos por múltiples razones. Son esenciales para indicar el inicio de una vuelta cuando se teje en espiral, pero también para marcar una vuelta o un punto concretos que sirven de referencia, o para distinguir claramente el derecho del revés de la labor.

Generalmente, los marcadores para ganchillo son de dos tipos: con forma de anillo abierto, o cerrado, parecido a un imperdible. Los anillos abiertos son preferibles cuando se necesita cambiarlos de sitio con frecuencia, mientras que los marcadores de tipo imperdible van mejor para asegurarse de que no se caigan. Existe un sinfín de diseños de marcadores en el mercado, pero también sirve un imperdible normal.

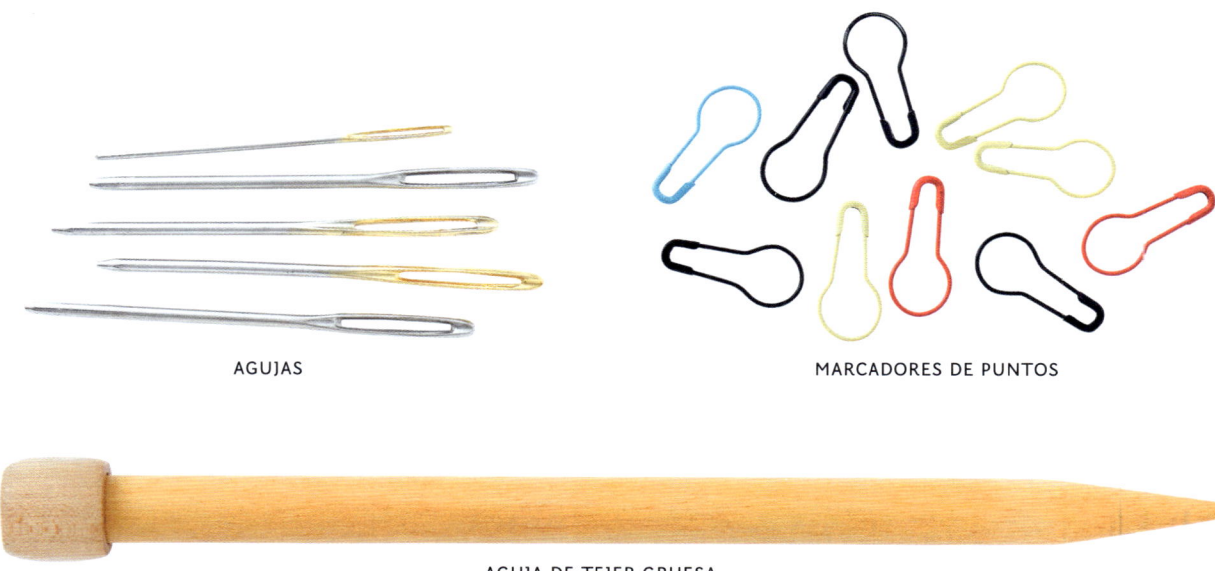

AGUJAS

MARCADORES DE PUNTOS

AGUJA DE TEJER GRUESA

CARRETES

Se utilizan para enrollar el hilo y mantener separadas hebras cortas cuando se tejen labores a punto de tapiz (pp. 112–113) o en intarsia (pp. 114–115).

ALFILERES

Los alfileres se usan para mantener unidas dos piezas de ganchillo mientras se cosen o para tensar el tejido al estirarlo. Asegúrate de que tengan la cabeza lo bastante grande para que no se deslicen entre puntos.

CINTA MÉTRICA

Ten siempre a mano una cinta métrica para comprobar la tensión del tejido y medir la labor.

TIJERAS

Unas pequeñas tijeras de bordar o de coser bien afiladas son perfectas para cortar rápidamente y con limpieza los cabos sueltos al cambiar de color o rematar la labor.

CORTAHÍLOS

Si vas a viajar y no quieres llevar unas tijeras afiladas, un cortahílos es una alternativa muy práctica. Los cortahílos son precisos, afilados y compactos, y a menudo carecen de una hoja visible por seguridad. También puedes colgarte uno de una cadena o un collar para tenerlo siempre a mano cuando lo necesites.

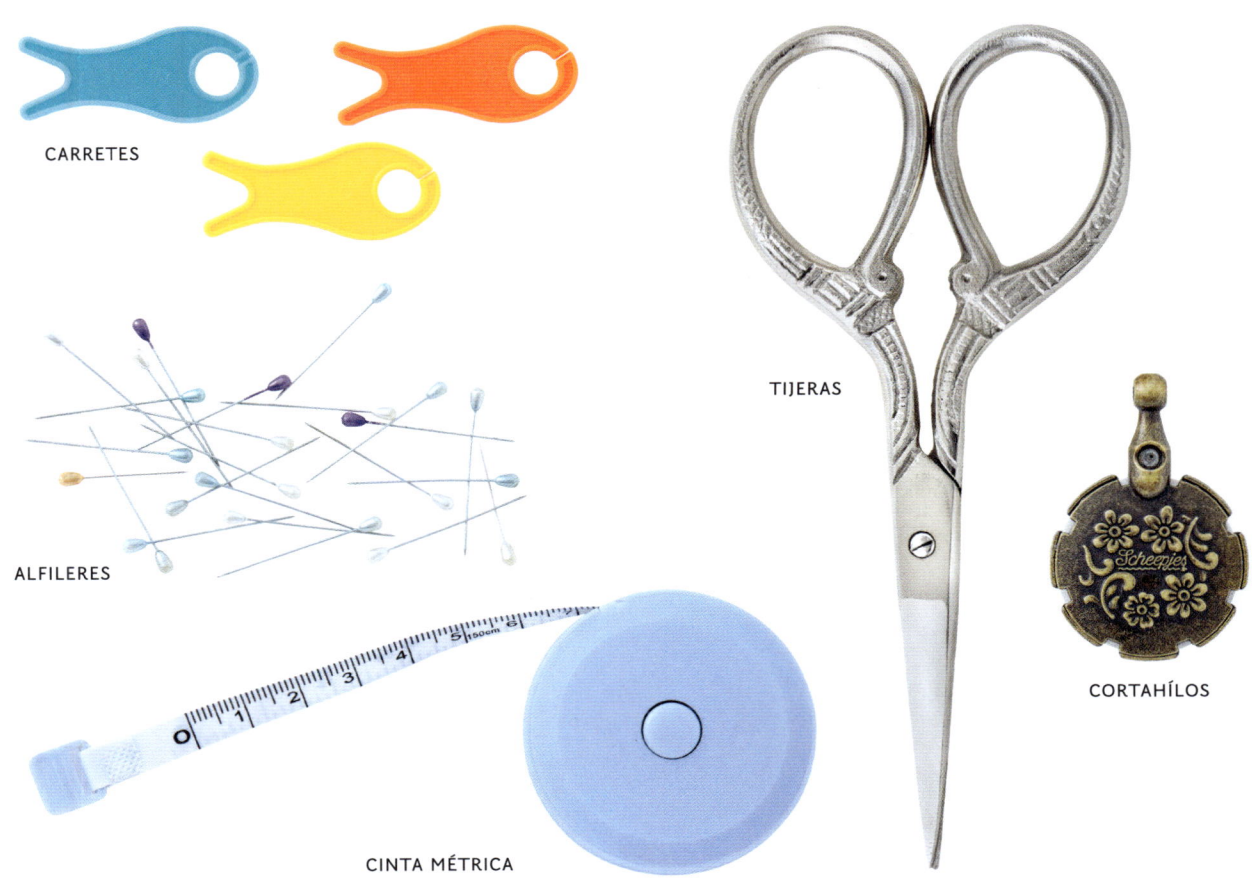

CARRETES

ALFILERES

CINTA MÉTRICA

TIJERAS

CORTAHÍLOS

Hilos

Tradicionalmente, la fibra favorita para hacer ganchillo era un algodón muy fino, resistente y de color neutro. Por suerte, hoy en día vale cualquier fibra, con tal de que sea lo suficientemente suave y lisa para deslizarse por el ganchillo. Existe una gran variedad de fibras, colores y grosores entre los que elegir, siendo el tipo más común el hilo de varios cabos, o hebras, que se hilan juntos para obtener un hilo más grueso.

Las hebras pueden hilarse mediante las técnicas del retorcido o del estambre: las hebras retorcidas forman un hilo liso y grueso que da una buena definición al punto, mientras que las de estambre tienen una textura más peluda, pero ligera y esponjosa, ideal para el tejido multicolor. Otras opciones son los hilos formados por una cadena o un tubo tejido con agujas, que son lisos y adecuados para tejidos de ganchillo uniformes y no se enganchan. Evita los que tengan nudos y bucles, ya que se enganchan fácilmente y es difícil trabajar con ellos.

GROSOR DEL HILO

Los hilos se comercializan en una gran variedad de grosores, desde el ultrafino para encaje hasta el supergrueso. Las muestras de este libro se han tejido con un hilo medio, pero todos los puntos que se muestran pueden tejerse con un hilo de cualquier grosor: lo único que ocurrirá es que su aspecto o su tamaño serán diferentes. Al aumentar el grosor del hilo, aumenta el tamaño del ganchillo con el que se teje, y viceversa. En general hay que utilizar un ganchillo algo más grueso que las agujas de hacer punto recomendadas en la etiqueta del ovillo, ya que el tejido de ganchillo suele ser algo más prieto que el de punto (un milímetro y medio bastaría). Si deseas un acabado más rígido o un tejido más resistente, elige un ganchillo algo más fino que el recomendado, y si quieres un tejido suave con mucha caída o un encaje muy calado, usa un ganchillo más grueso.

FIBRAS

Actualmente hay tantos tipos de hilos y fibras en el mercado que no hay por qué limitarse al clásico algodón. Los hilos de lana y de mezcla, elásticos, cálidos y mullidos, son igual de buenos y tienden a ser más confortables por su adaptabilidad, suavidad y calidez naturales.

LANA MERINA

Fibras animales
Estas fibras son ecológicas y bonitas. La alpaca, el mohair y otras fibras de origen animal pueden ser suaves y esponjosas, y constituyen una excelente elección para tejer mantas y complementos abrigados. La lana también regula la temperatura, es antibacteriana y absorbe la humedad del cuerpo, por lo que es ideal para gorros y guantes.

ALGODÓN

Fibras vegetales
Otra opción sostenible es usar fibras vegetales. También tienen un tacto muy agradable y una caída fluida, y suelen ser frescas y transpirables, perfectas para prendas de verano. El algodón, el bambú y el lino son resistentes y duraderos, y pueden producir un tejido muy rígido si se tejen prietos, por lo que son idóneos para cestitos, bolsos y alfombras. Como las fibras vegetales admiten bien el tinte, las encontrarás en una amplia gama de colores vivos sólidos.

ACRÍLICO

Fibras sintéticas
La fibra artificial más común es la acrílica, ya que puede imitar cualquier otro tipo de fibra, sin sus desventajas. Por lo general, el hilo acrílico es resistente, barato, ligero, no destiñe y resiste a la polilla. Sin embargo, como es esencialmente plástico, no se plancha muy bien y tiende a fundirse. No es tan agradable al tacto como las fibras naturales y no es transpirable. Por otro lado, los hilos sintéticos se fabrican a partir de combustibles fósiles y generan subproductos tóxicos.

Entender las instrucciones

Si se siguen paso a paso, con atención y teniendo una lista de abreviaturas a mano, las instrucciones de los puntos de ganchillo no son tan difíciles como parece a primera vista. Familiarizarte con las abreviaturas que aparecen en la tabla de abajo te ayudará a seguir las instrucciones de los puntos de este libro con confianza. Prueba a tejer primero los puntos más fáciles y avanza progresivamente hacia los más complejos a medida que vayas adquiriendo soltura en la interpretación de las instrucciones.

ABREVIATURAS

Los nombres de los puntos básicos difieren según el país. En este libro se ha usado la terminología europea más habitual.

Puntos básicos

c	cadeneta
pr	punto raso
pb	punto bajo
mpa	medio punto alto
pa	punto alto
pad	punto alto doble
pat	punto alto triple
pac	punto alto cuádruple
paq	punto alto quíntuple

Otras abreviaturas y signos

alt	alterna/alternando
CC	color de contraste
CP	color principal
D	cara del derecho del tejido
eh	echa/echando el hilo
esp	espacio(s)
esp-c	espacio de cadeneta (formado por una cadenera o una serie de cadenetas al aire)
del	por delante (por la hebra anterior)
det	por detrás (por la hebra posterior)
j	juntos
men	menguado(s)/mengua
p	punto(s)
R	cara del revés del tejido
rep	repite/repetición
rest	restante (s)
sig	siguiente(s)
*	las instrucciones tras un asterisco o entre asteriscos se repiten las veces indicadas
( )	las instrucciones entre paréntesis se repiten las veces indicadas

LEER LAS INSTRUCCIONES

A menudo, en las instrucciones de ganchillo se utilizan nombres parecidos con distinto significado, cosa que puede dificultar su seguimiento si se desconoce dónde fueron escritas. En este libro se ha utilizado la terminología más habitual y recogida en el Diccionario de la Real Academia de la Lengua Española.

PARA EMPEZAR

La mayoría de las labores de ganchillo comienza con una cadeneta (p. 17), a menudo llamada cadeneta base, sobre la que se tejerán todos los demás puntos. En este libro, el número de puntos (o eslabones de la cadeneta, también llamados cadenetas) necesarios para obtener un tejido se indica en múltiplos en la información que acompaña a cada muestra. Por ejemplo, para tejer una muestra con un múltiplo de 3 (+2), podrías hacer 23 cadenetas (7 x 3 cadenetas, y 2 más), o 35 cadenetas (11 x 3 cadenetas, y 2 más), y así sucesivamente, según cuán ancho desees que sea el tejido.

Como la cadeneta base no tiene altura y en realidad no es una vuelta de puntos, sobre ella se trabaja de una manera algo diferente que en el resto de las vueltas siguientes. De ahí que muchas muestras de este libro comiencen con una vuelta de base antes de iniciar las instrucciones del punto propiamente dicho. Al trabajar sobre la cadeneta base es necesario saltarse algunas de las primeras cadenetas con el fin de doblar el extremo hasta la altura correcta de la vuelta de base. El número de cadenetas que haya que saltar depende de la altura del punto que se va a tejer, pero las instrucciones siempre especifican cuántas han de ser. Al trabajar sobre la cadeneta base, los puntos se tejen simplemente a través de la hebra superior de cada cadeneta.

GIRAR

Las cadenetas también se usan para crear altura al principio de una vuelta. Estas cadenetas se llaman cadenetas de vuelta porque se hacen justo después de girar la labor al final de la vuelta anterior cuando se trabaja en vueltas rectas. Su número también depende de la altura de los puntos que se van a tejer y se indica al principio de cada vuelta. Por ejemplo, «Vuelta 1: 3 c» significa que hay que hacer tres cadenetas de vuelta al empezar la primera vuelta.

Para mantener los bordes rectos al trabajar de un lado a otro en cualquier punto más alto que el punto bajo hay que contar la cadeneta de vuelta como si fuera el primer punto de la vuelta. Si cuenta como un punto, no tejas directamente sobre el punto de la parte inferior de la cadeneta de vuelta, ya que esta sustituye al primer punto: teje sobre los puntos siguientes. También debes recordar que, al llegar al final de la vuelta, hay que tejer sobre la parte superior de la cadeneta de vuelta de la vuelta anterior, puesto que dicha cadeneta equivale a un punto normal. En este libro, las instrucciones indican cuándo hay que contar la cadeneta de vuelta como un punto, especificando a qué tipo de punto sustituye; por ejemplo, «Vuelta 1: 3 c (cuenta como 1 pa)». Si una cadeneta de vuelta no lleva instrucciones entre paréntesis a continuación, se supone que no es preciso contarla como un punto.

TEJER RECTO O EN REDONDO

Casi todos los puntos de este libro se tejen recto, girando la labor en vueltas sucesivas, para obtener una pieza plana. En el capítulo de motivos (pp. 145–155), casi todos los puntos se tejen en redondo (en círculos o vueltas circulares), de modo que se obtiene un motivo plano, pero a menudo asimétrico, de una gran variedad de formas. Al tejer en redondo, el derecho de la labor (D) siempre estará frente a ti, por lo que no necesitarás girar la labor tras cada vuelta.

Al final de cada vuelta, las instrucciones te dirán si estás tejiendo recto o en redondo. Por ejemplo:

Vuelta 1: 1 c, 1 pb en cada pb hasta el final, gira.

Vuelta 1: 1 c, 1 pb en cada pb hasta el final, cierra con 1 pr.

En el primer caso, la instrucción «gira» indica que estás trabajando en vueltas rectas; en el segundo, el hecho de cerrar la vuelta con un punto raso indica que se trata de una vuelta circular.

CÓMO USAR LOS PUNTOS EN UN TEJIDO

Junto a cada punto encontrarás también información sobre el aspecto del tejido. Casi todos los puntos de este libro son reversibles, es decir, tienen el mismo aspecto, o muy similar, por las dos caras, o si sus dos caras son diferentes, ambas resultar igualmente atractivas y cualquiera de ellas podría usarse como derecho (D). Algunos tejidos tienen una sola cara, lo cual significa que el punto únicamente se aprecia bien por la cara del derecho (D).

Si una muestra contiene puntos inusuales o especiales, estos se describen junto con las instrucciones. Familiarízate con ellos y repítelos unas cuantas veces si nunca antes los habías tejido. Este libro incluye instrucciones paso a paso de los más difíciles de estos puntos a lo largo del texto de la muestra para que puedas avanzar con confianza.

REPETICIONES

Las repeticiones de instrucciones pueden ser difíciles de seguir. Se utilizan paréntesis para indicar qué puntos se han de repetir si se trata de instrucciones cortas. Por ejemplo, «(3 pa, salta el p sig) 3 veces» significa que has que repetir tres veces todo lo que se indica dentro del paréntesis. En el caso de repeticiones largas se utiliza un asterisco para indicar el punto a partir del cual se han de repetir las acciones. Por ejemplo, «*2 pa, 2 c, salta 2 p, 1 pb en el p sig: rep desde * hasta el final» significa que debes tejer dos puntos altos seguidos de dos cadenetas, a continuación saltar dos puntos y tejer un punto bajo en el punto siguiente antes de repetir la secuencia desde el asterisco tantas veces como sea necesario hasta llegar al final de la vuelta.

LEER UN ESQUEMA

Algunos puntos de este libro van acompañados de un esquema compuesto por símbolos reconocidos internacionalmente. Puedes elegir entre seguir las instrucciones escritas o el esquema, o seguir el texto y recurrir al esquema como una guía visual complementaria para verificar que vas por buen camino.

Para seguir un esquema de ganchillo necesitas saber qué significa cada símbolo y en qué lugar se coloca para indicar dónde hay que tejer cada punto. La clave de símbolos de los puntos utilizados en este libro se muestra abajo. Cada símbolo se coloca sobre el punto en el que hay que tejer el punto al que representa. En algunos esquemas se usan distintos tonos de color para cada vuelta, o distintos colores para las rayas.

Los esquemas de ganchillo multicolor y de punto de red difieren de los esquemas de símbolos en que se representan en una cuadrícula en la que cada cuadrado corresponde a un punto. En los puntos multicolores, el color del cuadrado indica el color que hay que usar para ese punto, mientras que en el punto de red, un topo dentro de un cuadrado indica que se trata de un espacio lleno, y un cuadrado en blanco indica un espacio de la malla vacío. Al tejer recto en vueltas, el esquema se lee desde la esquina inferior derecha subiendo en la misma dirección en que se teje. Las vueltas impares se leen de derecha a izquierda, y las pares, de izquierda a derecha. Al tejer en redondo, para crear un tejido tubular, se empieza por la esquina derecha y se sube siguiendo todas las vueltas de derecha a izquierda.

SÍMBOLOS DE LOS PUNTOS

Estos son los símbolos más usados en las muestras de puntos de este libro. No se han incluido todas las variantes de cada punto; por ejemplo, un madroño puede estar formado por 3, 4 o 5 puntos altos, indicados por el número de líneas que aparecen en el interior del símbolo de madroño utilizado en un punto determinado.

Puntos básicos

- = c
- = pr
- = pb
- = det
- = del
- = mpa
- = pa
- = pad
- = pat
- = pac
- = paq

Menguados y aumentos

- = 2pbj
- = 2mpaj
- = 2paj
- = 3paj
- = 2 pb en el mismo p
- = 2 mpa en el mismo p
- = 2 pa en el mismo p
- = 3 pa en el mismo p

Puntos especiales

- = concha de 5 pa
- = racimo de 3 pa
- = borla de 4 pa
- = madroño de 5 pa
- = garbanzo de 5 pa
- = pardel (punto alto en relieve por delante)
- = pardet (punto alto en relieve por detrás)

Técnicas básicas

Tejer a ganchillo es rápido, práctico, relajante e increíblemente adictivo una vez has aprendido cómo. Al principio puede resultar complicado, pero si dedicas el tiempo suficiente a dominar técnicas esenciales como la manera de sujetar el ganchillo, mantener tenso el hilo y hacer una cadeneta base, no tardarás en ser capaz de tejer distintos puntos.

SUJETAR EL GANCHILLO

Antes de lanzarse a tejer ningún punto hay que saber manejar el ganchillo y el hilo. Sujeta el ganchillo con tu mano dominante y mantén el hilo tirante con la contraria. Hay dos maneras técnicamente correctas de sostener el ganchillo y muchas más de sujetar tenso el hilo (dcha.). Puedes escoger cualquiera de ellas que te resulte natural y cómoda, siempre que no sientas que estás forzando los dedos.

Aquí se muestra la mano derecha como mano dominante; las personas zurdas deberán invertir todas estas acciones.

Como un cuchillo

Sujeta el ganchillo con tu mano dominante como lo harías con un cuchillo de mesa para cortar los alimentos. Si tiene una parte plana para el pulgar, apoya este dedo y el índice en ella, por lo general a unos 5 cm de la punta.

Como un lápiz

Sujeta el ganchillo con tu mano dominante como si fuera un lápiz. Si tiene una parte para el pulgar, apoya este dedo y el índice en ella.

SUJETAR EL HILO

Para controlar el paso del hilo por encima del ganchillo necesitas mantenerlo tirante en los dedos de la «mano del hilo», la contraria a la que sujeta el ganchillo. Hay muchas maneras de hacerlo. Dos de las más habituales se muestran abajo, pero puedes adoptar cualquier otra que te sea más cómoda, siempre que el hilo quede uniformemente tenso.

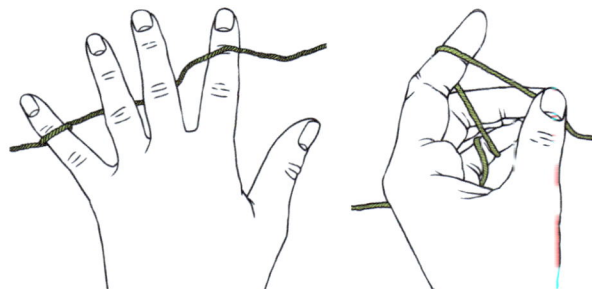

Método del índice

Pasa el hilo que va al ovillo alrededor del meñique de la mano del hilo, por debajo de los dos dedos siguientes y por encima del índice. Sujétalo con el medio y el pulgar, levantando el índice mientras tejes para mantenerlo tenso.

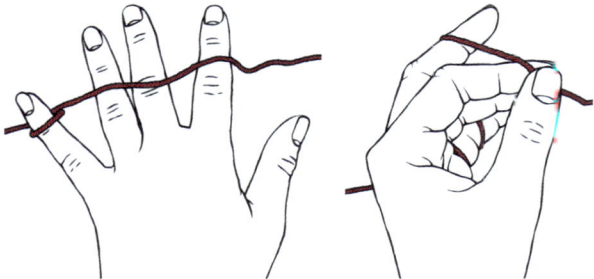

Método del dedo medio

Pasa el hilo que va al ovillo alrededor del meñique de la mano contraria y por encima de los otros dedos. Sujétalo con el índice y el pulgar, y levanta el medio mientras tejes para mantenerlo tenso.

HACER UN NUDO CORREDIZO

Con el nudo corredizo se crea la primera lazada en el ganchillo.

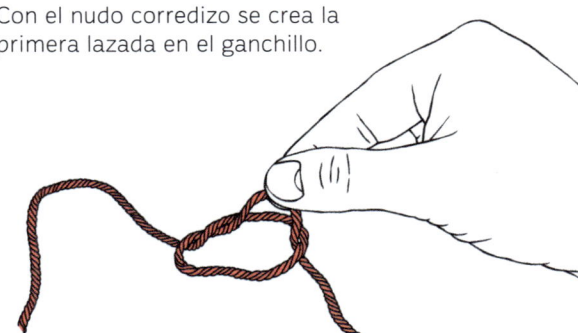

1 Con el cabo suelto a la izquierda, forma un círculo de hilo alrededor de tus dedos a 10–20 cm del extremo.

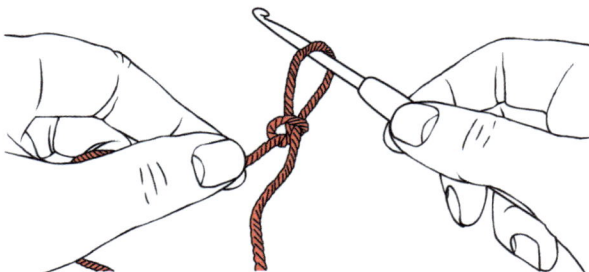

2 Saca el hilo del ovillo a través del círculo y apriétalo en torno al ganchillo sin que se salga el cabo suelto.

REMATAR

Esmérate en rematar tu labor una vez hayas acabado de tejer para evitar que el punto se deshaga y pierdas el fruto de tu trabajo.

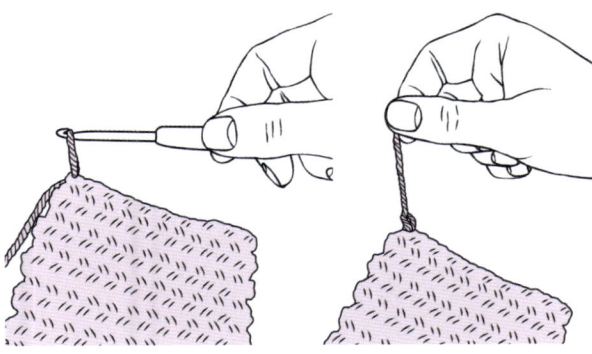

1 Corta el hilo dejando un cabo de al menos 15 cm. Haz 1 cadeneta (véase a la derecha).

2 Saca el extremo del hilo a través de la lazada para hacer un nudo y tira para apretarlo bien.

HACER UNA CADENETA

Casi todas las labores de ganchillo empiezan con una cadeneta, o serie de puntos también llamados cadenetas, sobre la que se tejen todos los demás puntos (p. 14). Esta cadeneta se denomina cadeneta base.

Al empezar a tejer, la cadeneta es ideal para practicar la sujeción del ganchillo y la tensión del hilo hasta que consigas trabajar con comodidad y soltura.

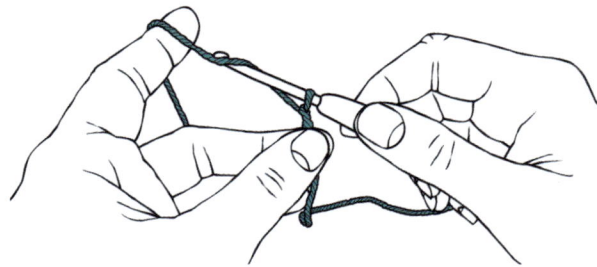

1 Haz un nudo corredizo en el ganchillo. Pinza el nudo con la mano del hilo y, con el gancho hacia arriba, pasa el ganchillo por delante del hilo y luego por debajo y alrededor de este. Esta acción se llama echar el hilo o la hebra (eh).

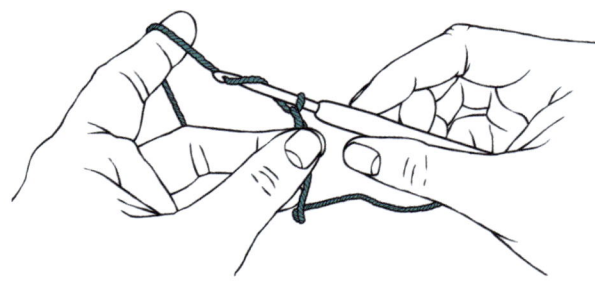

2 Gira el gancho entre los dedos hacia ti para recoger el hilo y pasa este a través de la lazada que tienes en el ganchillo. Así se forma la primera cadeneta. Repite estos pasos hasta tejer el número de puntos deseado, manteniendo las cadenetas regulares, ni demasiado flojas ni demasiado prietas.

Contar puntos de cadeneta

El derecho de la cadeneta es el lado que parece una trencita formada por «uves». Cada «uve» es un punto y es lo que hay que contar. Mientras tejes una cadeneta no cuentes el nudo corredizo, sino desde que pases el hilo por la primera lazada; sin embargo, una vez terminada la cadeneta, cuenta todas las «uves», pero no la lazada que tienes en el ganchillo.

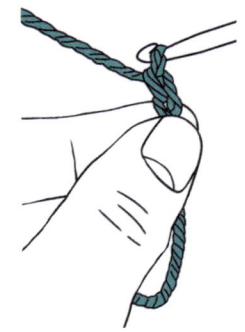

Muestrario

Punto bajo (p. 32)

Medio punto alto espaciado (p. 36)

Medio punto alto por delante (p. 40)

Medio punto alto (p. 33)

Punto raso por detrás (p. 37)

Punto alto por delante (p. 40)

Punto alto (p. 34)

Punto bajo por detrás (p. 38)

Punto bajo por detrás
y por delante (p. 40)

Punto alto doble (p. 35)

Punto raso doble (p. 39)

Punto bajo alterno por detrás
y por delante (p. 41)

Punto alto triple (p. 35)

Punto bajo por delante (p. 39)

Medio punto alto alterno por
detrás y por delante (p. 41)

Punto alto alterno por detrás
y por delante (p. 41)

Punto bajo enlazado (p. 44)

Punto de lino (p. 51)

Punto de cordón (p. 42)

Medio punto alto enlazado (p. 45)

Punto de cubrecama (p. 52)

Punto de jersey (p. 42)

Punto bajo alargado (p. 46)

Punto de tamiz (p. 52)

Canalé a punto bajo (p. 43)

Medio punto alto alargado (p. 47)

Punto bajo cruzado (p. 53)

Punto camello (p. 43)

Punto alto alargado (p. 47)

Espiguilla a medio punto alto (p. 54)

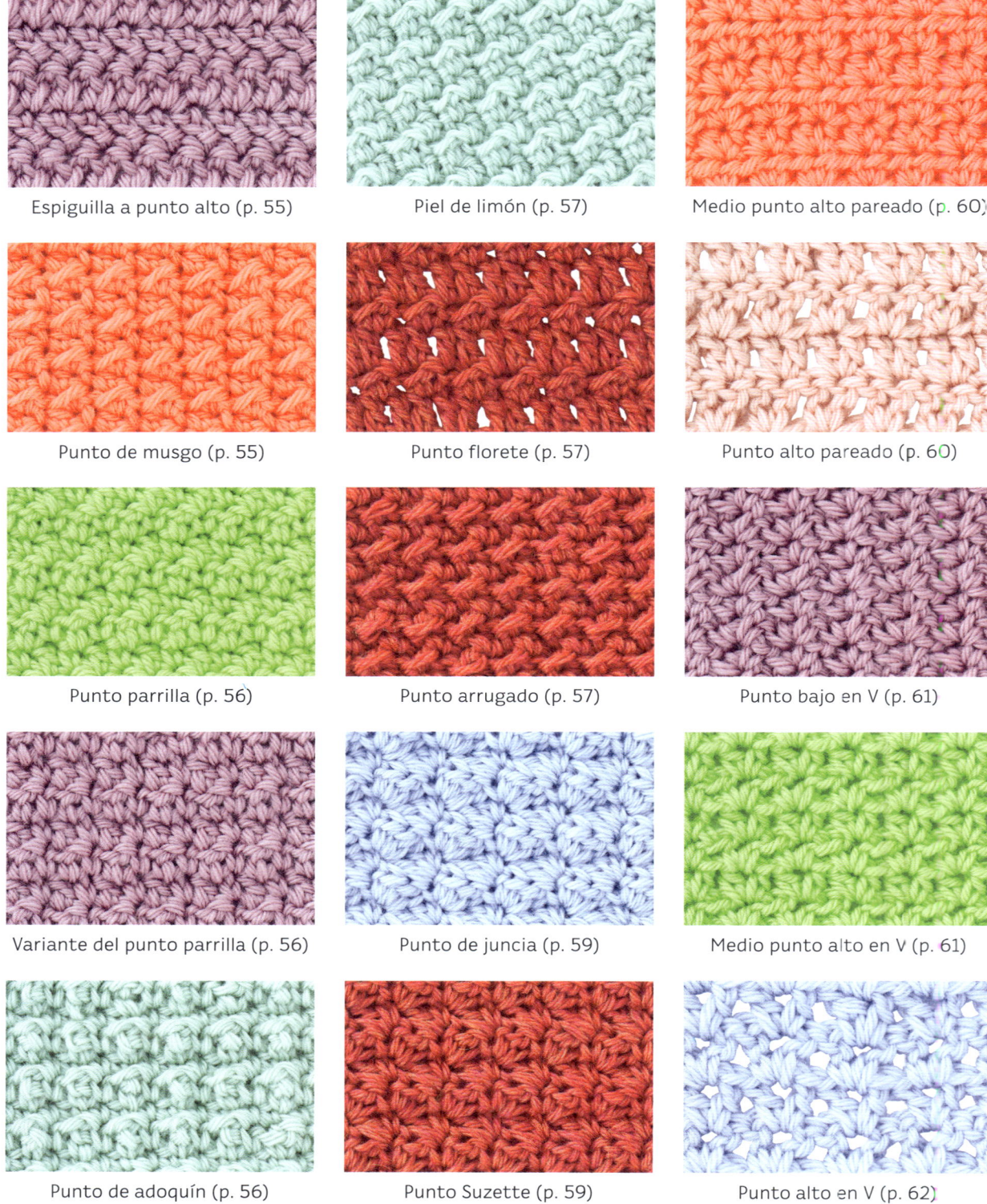

Espiguilla a punto alto (p. 55)

Piel de limón (p. 57)

Medio punto alto pareado (p. 60)

Punto de musgo (p. 55)

Punto florete (p. 57)

Punto alto pareado (p. 60)

Punto parrilla (p. 56)

Punto arrugado (p. 57)

Punto bajo en V (p. 61)

Variante del punto parrilla (p. 56)

Punto de juncia (p. 59)

Medio punto alto en V (p. 61)

Punto de adoquín (p. 56)

Punto Suzette (p. 59)

Punto alto en V (p. 62)

Punto de arena (p. 62)

Racimos de medios
puntos altos (p. 67)

Garbanzos (p. 71)

Punto de acacia (p. 63)

Racimos de puntos
altos alineados (p. 68)

Borlas (p. 72)

Punto tradicional (p. 63)

Racimos de puntos
altos espaciados (p. 68)

Punto de moras (p. 73)

Punto de ladrillo (p. 64)

Racimos dobles (p. 69)

Punto enrollado (p. 74)

Punto cruzado (p. 65)

Madroños (p. 70)

Silla de montar (p. 74)

Punto de alubia (p. 75)

Punto de fresas (p. 79)

Punto de abanicos (p. 84)

Abanicos rectos (p. 77)

Punto Trinidad (p. 80)

Rueda de Santa Catalina (p. 85)

Abanicos y puntos en V (p. 77)

Punto de margarita (p. 81)

Punto de jazmín (p. 86)

Punto de conchas cerrado (p. 78)

Punto de estrella (p. 82)

Punto de cocodrilo (p. 87)

Punto de conchas calado (p. 78)

Punto de margarita grande (p. 83)

Encaje de conchas (p. 88)

Punto de lirio (p. 88)

Punto de Bargello (p. 95)

Punto de espina tradicional (p. 100)

Punto de prímula (p. 89)

Punto escalonado (p. 96)

Pata de alondra (p. 101)

Conchas y ondas (p. 89)

Punto de tulipán (p. 97)

Zigzag a punto bajo (p. 103)

Rayas dentadas (p. 93)

Punto de espina (p. 98)

Zigzag en relieve (p. 103)

Rayas verticales (p. 94)

Racimos de espinas (p. 99)

Zigzag a punto alto (p. 104)

Ondas largas (p. 105)

Olas en relieve (p. 109)

Cruces a punto de tapiz (p. 113)

Zigzag tradicional a rayas (p. 106)

Ondas largas en relieve (p. 109)

Cuadros en intarsia (p. 114)

Zigzag de puntos en V (p. 107)

Zigzag calado (p. 110)

Círculo en intarsia (p. 115)

Punto de olas (p. 108)

Ondas de fantasía (p. 111)

Punto de malla (p. 119)

Punto pavo real (p. 108)

Triángulos a punto de tapiz (p. 112)

Punto de red embridada (p. 119)

Malla con piquitos (p. 120)

Punto de rejilla (p. 123)

Punto de araña (p. 125)

Red con piquitos (p. 120)

Escaleras (p. 123)

Punto de hoja (p. 126)

Malla con conchas (p. 121)

Encaje de tulipán (p. 123)

Nudo de Salomón (p. 127)

Malla con abanicos (p. 121)

Abanicos y estrellas (p. 123)

Malla básica de punto de red (p. 129)

Cadenetas con piquitos (p. 122)

Encaje de abanicos (p. 124)

Punto de red con flores (p. 130)

Punto de red con triángulos (p. 131)	Punto de frambuesa (p. 138)	Ochos cruzados a la derecha (p. 141)
Malla de fantasía (p. 131)	Punto de cesta (p. 138)	Punto alpino (p. 142)
Punto peruano (p. 132)	Punto de cesta pequeño (p. 139)	Punto de herradura (p. 143)
Rayas a punto peruano (p. 133)	Punto de gofre (p. 139)	Punto de ladrillo en relieve (p. 143)
Canalé (p. 137)	Ochos cruzados a la izquierda (p. 140)	Punto celta (p. 144)

Círculo a punto bajo (p. 145)

Círculo tradicional (p. 149)

Cuadrado con borlas (p. 153)

Círculo a medio punto alto (p. 146)

Cuadrado a punto de lino (p. 149)

Cuadrado ingleteado (p. 153)

Cuadrado tradicional (p. 147)

Cuadrado tradicional tupido (p. 150)

Cuadrado tradicional
ingleteado (p. 154)

Triángulo tradicional (p. 148)

Flor africana (p. 151)

Calado con racimos (p. 154)

Hexágono tradicional (p. 148)

Flor en 3D (p. 152)

Calado con madroños (p. 155)

Puntos básicos

Punto bajo

OTRO NOMBRE
Punto enano

NIVEL
Fácil

CADENETA BASE
Número de puntos
requerido y 1 más

ASPECTO
Reversible

ABREVIATURA
pb

① *Inserta el ganchillo bajo las dos hebras del punto siguiente ......*

② *El ganchillo pasa por debajo y luego ...... por encima del hilo*

③ *2 lazadas en ...... el ganchillo*

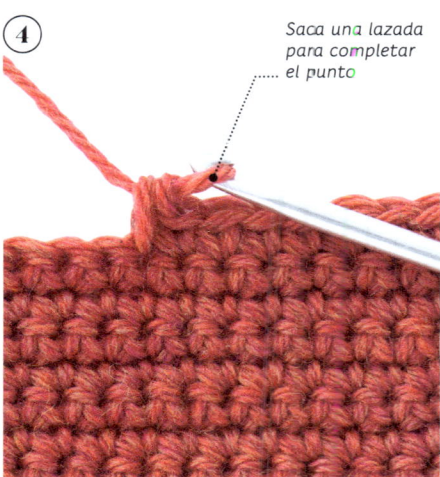

④ *Saca una lazada para completar ...... el punto*

1 Inserta el ganchillo en el punto siguiente, de delante atrás, por debajo de las dos hebras de la «v» que forma la parte superior del punto.

2 Echa el hilo alrededor del ganchillo.

3 Saca el hilo a través del punto hacia el frente de la labor. Habrá 2 lazadas en el ganchillo. Echa el hilo.

4 Saca el hilo suavemente a través de las dos lazadas a la vez para completar un punto bajo. Haz 1 un punto bajo de la misma manera en cada punto a lo largo de la vuelta.

Medio punto alto

NIVEL
Fácil

CADENETA BASE
Número de puntos
requerido y 2 más

ASPECTO
Reversible

ABREVIATURA
mpa

① El ganchillo pasa
por debajo y luego
...... por encima del hilo

② Inserta el
ganchillo por
debajo de las
dos hebras
del punto
siguiente ......

③ 3 lazadas en
...... el ganchillo

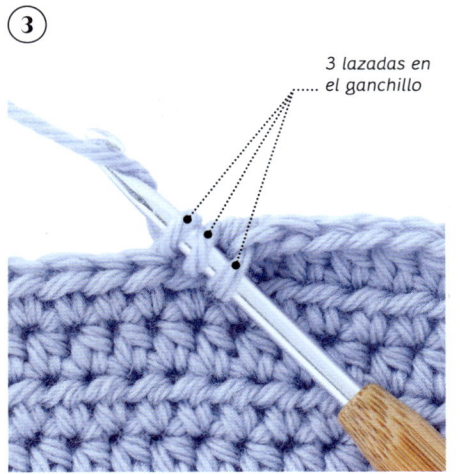

④ Saca una lazada
para completar
...... el punto

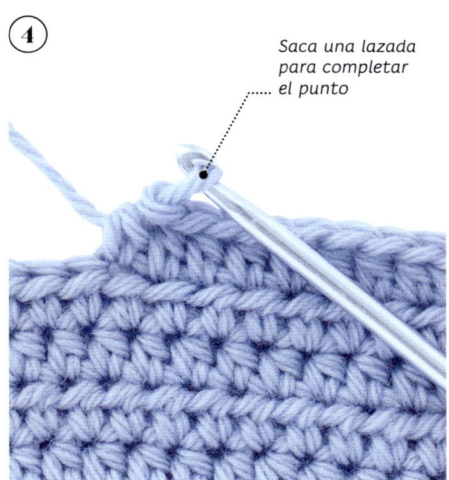

1 Echa el hilo alrededor del ganchillo.

2 Inserta el ganchillo en el punto siguiente de delante atrás y por
debajo de las dos hebras de la «v» de la parte superior del punto.

3 Echa el hilo. Saca una lazada hacia delante a través de las
dos hebras: habrá 3 lazadas en el ganchillo. Echa el hilo.

4 Saca el hilo suavemente a través de las 3 lazadas a la vez para
completar un medio punto alto. Haz 1 medio punto alto de la
misma manera en cada punto a lo largo de la vuelta.

Punto alto

NIVEL
Fácil

CADENETA BASE
Número de puntos
requerido y 3 más

ASPECTO
Reversible

ABREVIATURA
pa

1

*Echa el hilo alrededor
del ganchillo antes
de insertar este*

2

*Inserta el
ganchillo bajo
las dos hebras del
punto siguiente*

3

*3 lazadas en
el ganchillo*

4

*Quedan 2 lazadas
en el ganchillo*

1 Echa el hilo alrededor del ganchillo.

2 Inserta el ganchillo en el punto siguiente
de delante atrás y por debajo de las dos
hebras de la «v» de la parte superior del
punto. Echa el hilo.

3 Saca el hilo hacia delante justo a
través del punto: habrá 3 lazadas
en el ganchillo. Echa el hilo.

4 Saca el hilo a través de 2 lazadas.
Echa el hilo.

5 Saca el hilo a través de las 2 lazadas
restantes para completar un punto alto.
Haz 1 punto alto de la misma manera
en cada punto a lo largo de la vuelta.

5

*Saca el hilo a través
de las 2 lazadas
restantes para
completar el punto*

Punto alto doble

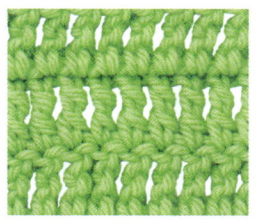

NIVEL
Fácil

CADENETA BASE
Número de puntos
requerido y 4 más

ASPECTO
Reversible

ABREVIATURA
pad

Al enrollar el hilo en
el ganchillo 2 veces
el punto será algo
más alto

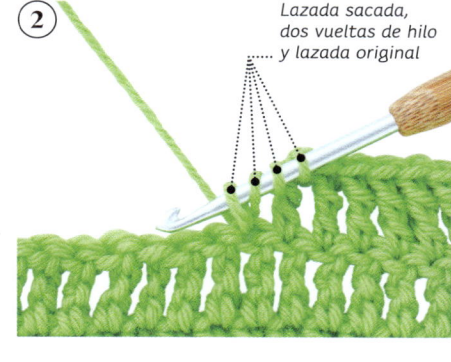

Lazada sacada,
dos vueltas de hilo
y lazada original

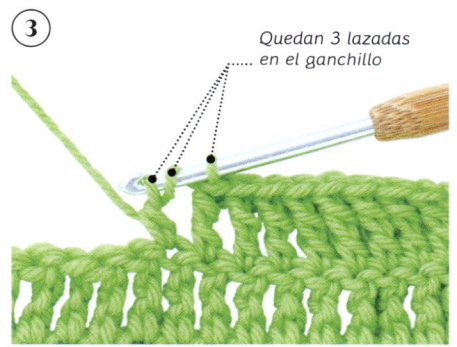

Quedan 3 lazadas
en el ganchillo

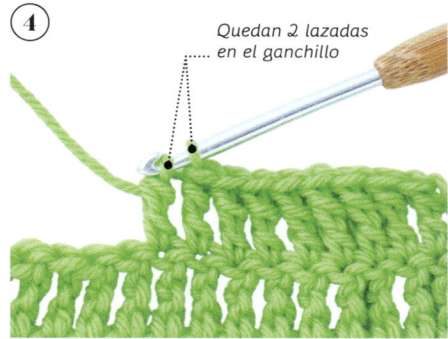

Quedan 2 lazadas
en el ganchillo

1 Echa el hilo alrededor del ganchillo 2 veces.

2 Inserta el ganchillo en el punto siguiente, echa el hilo saca
una lazada hacia delante: habrá 4 lazadas en el ganchillo.

3 A continuación cierra las lazadas de dos en dos. Echa el hilo y
sácalo a través de 2 lazadas: quedarán 3 lazadas en el ganchillo.

4 Echa el hilo y sácalo a través de 2 lazadas: quedarán 2 lazadas
en el ganchillo. Echa el hilo y sácalo a través de las 2 lazadas
restantes para completar un punto alto doble. Haz 1 punto alto
doble de la misma manera en cada punto a lo largo de la vuelta.

Puntos más altos

Para hacer puntos más altos, echa el hilo
alrededor del ganchillo más veces antes de
insertar este en el siguiente punto. Para hacer
un punto alto triple (pat), enrolla el hilo en
el ganchillo 3 veces y acaba como los puntos
anteriores, sacándolo a través de las lazadas de
dos en dos. Para hacer un punto alto cuádruple,
(pac) echa el hilo alrededor del ganchillo 4 veces
y completa el punto de la misma manera.

Medio punto alto espaciado

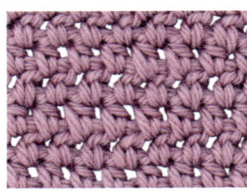

NIVEL
Fácil

CADENETA BASE
Número de puntos
requerido y 2 más

ASPECTO
Reversible

ABREVIATURA
mpa espaciado

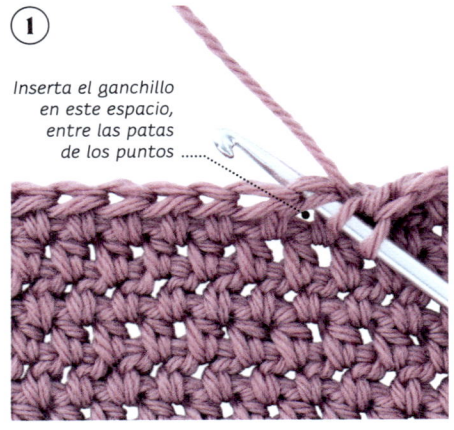

① *Inserta el ganchillo en este espacio, entre las patas de los puntos* ......

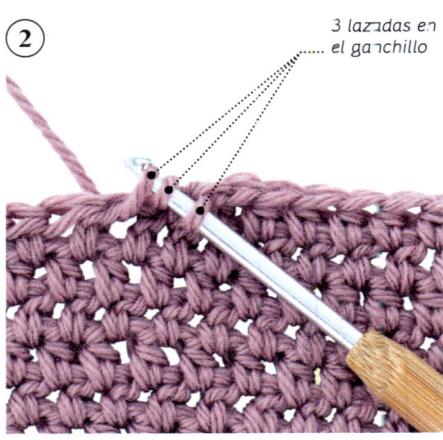

② *3 lazadas en el ganchillo* ......

Vuelta de base: Haz 1 medio punto alto en la tercera cadeneta desde el ganchillo y en cada cadeneta hasta el final, gira.

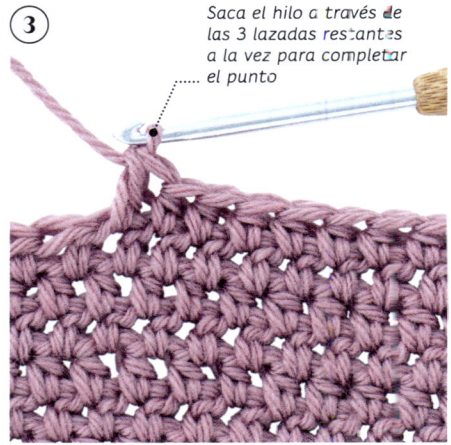

③ *Saca el hilo a través de las 3 lazadas restantes a la vez para completar el punto* ......

1 **Vuelta 1:** Haz 2 cadenetas de vuelta. Echa el hilo. Inserta el ganchillo de delante atrás entre los dos puntos siguientes de la vuelta de abajo.

2 Echa el hilo. Sácalo hacia delante entre los dos puntos: habrá 3 lazadas en el ganchillo.

3 Echa el hilo y sácalo a través de todas las lazadas del ganchillo para completar el punto. Haz 1 medio punto alto en cada espacio entre los puntos de la vuelta de debajo de la misma manera hasta el final de la vuelta y gira. Repite la vuelta 1 para formar la muestra.

Cómo insertar el ganchillo

Según por dónde insertes el ganchillo obtendrás diferentes texturas. Las más simples se consiguen trabajando sobre distintas partes del punto o incluso en los espacios entre las columnas de los puntos, como en el medio punto alto espaciado (arriba). Puedes insertar el ganchillo entre las columnas de otro punto de la misma manera. El punto alto espaciado (derecha) se hace igual que el medio punto alto espaciado, pero tejiendo un punto alto en cada espacio entre puntos.

Punto raso por detrás

NIVEL
Fácil

CADENETA BASE
Número de puntos requerido y 1 más

ASPECTO
Reversible

ABREVIATURA
prdet

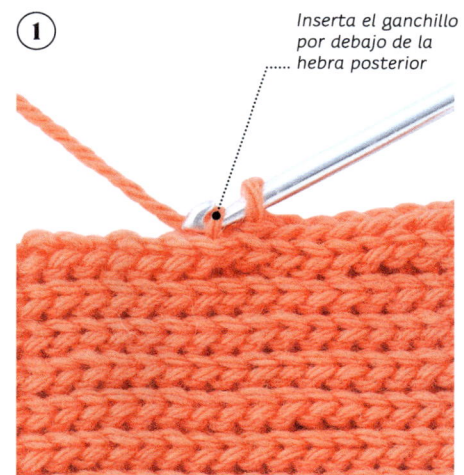

① *Inserta el ganchillo por debajo de la hebra posterior*

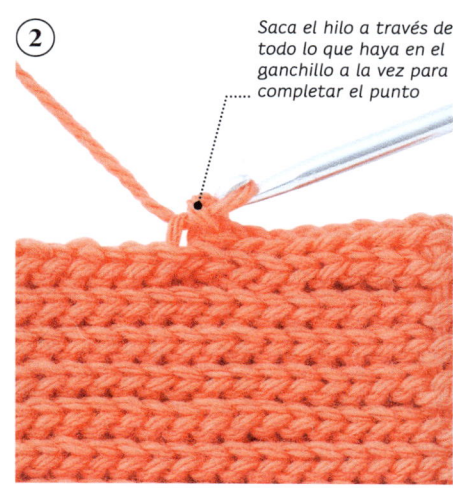

② *Saca el hilo a través de todo lo que haya en el ganchillo a la vez para completar el punto*

Vuelta de base: Haz 1 punto raso (véase abajo) en la segunda cadeneta desde el ganchillo y en cada cadeneta hasta el final, gira.

1 Vuelta 1: Haz 1 cadeneta de vuelta. Inserta el ganchillo solo por debajo de la hebra posterior del siguiente punto.

2 Echa el hilo. Saca una lazada hacia delante a través del punto y luego de la lazada del ganchillo para completar el punto raso por detrás. Haz 1 punto raso por detrás en cada punto hasta el final de la vuelta y gira. Repite la vuelta 1 para formar la muestra.

Puntos tejidos solo por la hebra posterior o la anterior

Hasta aquí, siempre que se trabajaba sobre un punto, el ganchillo se insertaba por debajo de las dos hebras de la «v» de la parte de arriba. Sin embargo, a veces los puntos se tejen insertando el ganchillo solo en una parte de la «v». Por ejemplo, tejiendo a punto alto por detrás (padet), es decir, solo por la hebra posterior, se obtiene un tejido de aspecto muy diferente del punto alto normal (p. 34).

Los puntos de las páginas 37 a 41 muestran lo que ocurre si se inserta el ganchillo solo por la hebra anterior o posterior para crear surcos o relieve. Algunos de esos puntos recuerdan a los tejidos con dos agujas si se ven rectos, como el de arriba, y se usan a menudo de ese modo para crear un acanalado elástico, o canalé. A la derecha se muestran puntos altos tejidos solo por la hebra posterior (padet). Si las instrucciones no especifican por dónde hay que insertar el ganchillo, hazlo siempre por debajo de las dos hebras de la parte superior para asegurarte de haber tejido el punto completo.

Punto bajo por detrás

NIVEL
Fácil

CADENETA BASE
Número de puntos
requerido y 1 más

ASPECTO
Reversible

ABREVIATURA
pbdet

(1) *Inserta el ganchillo solo por la hebra posterior del siguiente punto ....*

(2) *Saca una lazada por la hebra posterior ....*

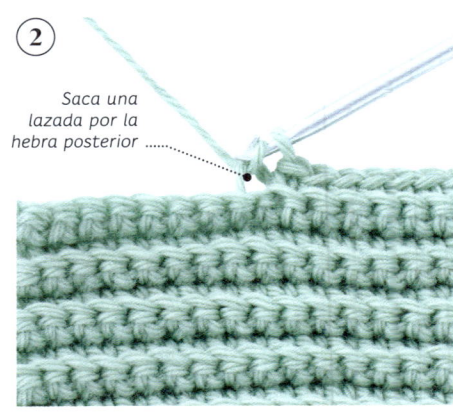

(3) *Saca el hilo por las 2 lazadas para completar el punto ....*

Vuelta de base: Haz 1 punto bajo en la
segunda cadeneta desde el ganchillo y
en cada cadeneta hasta el final, gira.

1   Vuelta 1: Haz 1 cadeneta de vuelta.
Inserta el ganchillo solo en la hebra
posterior del siguiente punto, pasándolo
hacia abajo por el centro del punto y
luego por debajo de dicha hebra hacia
detrás de la labor.

2   Echa el hilo. Saca una lazada solo por
debajo de la hebra posterior del punto:
habrá 2 lazadas en el ganchillo.

3   Echa el hilo y sácalo a través de ambas
lazadas para completar el punto bajo
por detrás. Haz 1 punto bajo por detrás
de la misma manera en cada punto
hasta el final de la vuelta y gira. Repite
la vuelta 1 para formar la muestra.

Como tejer a mpadet y padet

Para tejer a punto medio alto por detrás
(mpadet, a la derecha), trabaja como para
tejer a punto bajo por detrás (arriba), haciendo
un punto medio alto solo en la hebra posterior
de cada punto en cada vuelta. Para tejer a
punto alto por detrás (padet, p. 37), trabaja
como para tejer a pbdet, haciendo un punto
alto solo a través de la hebra posterior de
cada punto en todas las vueltas.

Punto raso doble

NIVEL
Fácil

CADENETA BASE
Número de puntos
requerido y 1 más

ASPECTO
Reversible

ABREVIATURA
prd

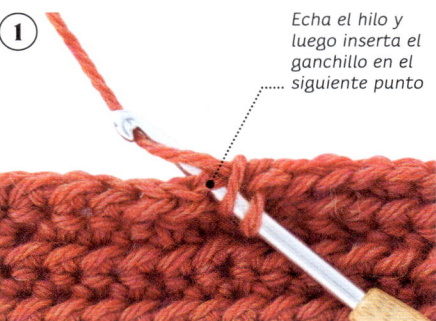

① Echa el hilo y
luego inserta el
ganchillo en el
siguiente punto

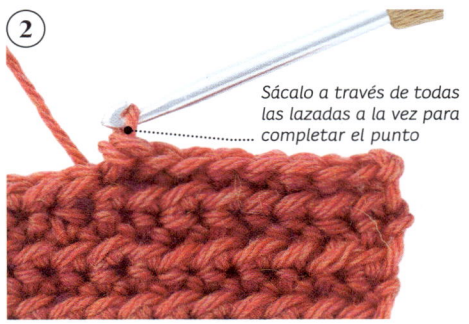

② Sácalo a través de todas
las lazadas a la vez para
completar el punto

Vuelta de base: Haz 1 punto raso doble
(véase abajo) en la segunda cadeneta desde el
ganchillo y en cada cadeneta hasta el final, gira.

1 **Vuelta 1:** Haz 1 cadeneta de vuelta. Haz
1 punto raso doble en el punto siguiente:
*echa el hilo y luego inserta el ganchillo en
el siguiente punto. Echa el hilo.*

2 *Saca una lazada hacia delante a través
del punto y de las otras dos lazadas del
ganchillo.* Esto completa el prd. Repite
a lo largo del resto de la vuelta, tejiendo
1 punto raso doble en cada punto. Repite
la vuelta 1 para formar la muestra.

Cómo tejer a prd det

El punto raso doble
por detrás (prd det),
se teje igual que el
punto raso doble,
pero insertando el
ganchillo en la hebra
posterior de cada
punto a lo largo de
la vuelta. Como el

punto raso por detrás (p. 37) se parece al
canalé tejido con dos agujas si se gira 90°,
por lo que suele utilizarse de esta manera.

Punto bajo por delante

NIVEL
Fácil

CADENETA BASE
Número de puntos
requerido y 1 más

ASPECTO
Reversible

ABREVIATURA
pbdel

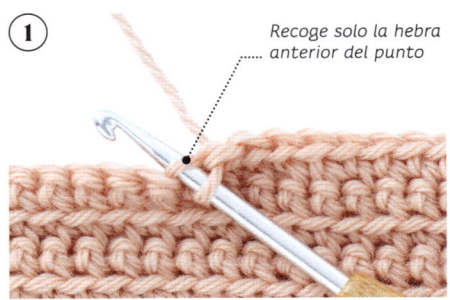

① Recoge solo la hebra
anterior del punto

② Pb tejido solo por
la hebra anterior

Vuelta de base: Haz 1 punto bajo en la
segunda cadeneta desde el ganchillo y
en cada cadeneta hasta el final, gira.

1 **Vuelta 1:** Haz 1 cadeneta, inserta el
ganchillo solo en la hebra anterior del
siguiente punto, pasándolo por delante
del punto y sacándolo por el centro de
este.

2 Echa el hilo. Saca una lazada través de
la hebra anterior: habrá 2 lazadas en el
ganchillo. Echa el hilo y sácalo a través
de las dos lazadas para completar el
punto bajo por delante. Haz 1 punto
bajo por delante en cada punto hasta
el final de la vuelta. Repite la vuelta
1 para formar la muestra.

Medio punto alto por delante

Vuelta 1: 1 mpa en la tercera c desde el ganchillo y en cada c hasta el final, gira.
Vuelta 2: 2 c, 1 mpadel en cada p hasta el final, gira.
Rep la vuelta 2 para formar la muestra.

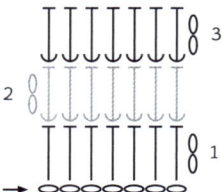

NIVEL
Fácil

CADENETA BASE
Número de puntos requerido y 2 más

ASPECTO
Reversible

ABREVIATURA
mpadel

Punto alto por delante

Vuelta 1: 1 pa en la cuarta c desde el ganchillo y en cada c hasta el final, gira.
Vuelta 2: 3 c, 1 padel en cada p hasta el final, gira.
Rep la vuelta 2 para formar la muestra.

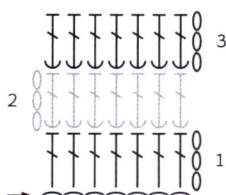

NIVEL
Fácil

CADENETA BASE
Número de puntos requerido y 3 más

ASPECTO
Reversible

ABREVIATURA
padel

Punto bajo por detrás y por delante

NIVEL
Fácil

CADENETA BASE
Múltiplo de 2 puntos y 1 punto más

ASPECTO
Reversible

①

Haz 1 pb en la hebra posterior del punto ......

②

Haz 1 pb en la hebra anterior del punto .....

Vuelta de base: Haz un punto bajo (pb) en la segunda cadeneta desde el ganchillo y en cada cadeneta hasta el final, gira.

1 Vuelta 1: 1 cadeneta de vuelta, * un pb por detrás (pbdet) en el siguiente punto.

2 Haz un punto bajo por delante (pbdel) en el siguiente punto. Repite desde * a lo largo de la vuelta alternando entre las hebras anterior y posterior de los puntos. Gira. Repite la vuelta 1 para formar la muestra.

Punto bajo alterno por detrás y por delante

NIVEL
Fácil

CADENETA BASE
Número de puntos requerido y 1 más

ASPECTO
Una sola cara

Vuelta 1: 1 pb en la segunda c desde el ganchillo y en cada c hasta el final, gira.
Vuelta 2 (D): 2 c, 1 pbdet en cada p hasta el final, gira.
Vuelta 3 (R): 2 c, 1 pbdel en cada p hasta el final, gira.
Rep las vueltas 2 y 3 para formar la muestra.

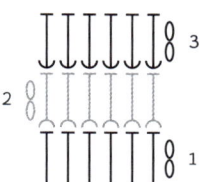

Medio punto alto alterno por detrás y por delante

NIVEL
Fácil

CADENETA BASE
Número de puntos requerido y 2 más

ASPECTO
Una sola cara

Vuelta 1: 1 mpa en la tercera c desde el ganchillo y en cada c hasta el final, gira.
Vuelta 2 (D): 2 c, 1 mpadet en cada p hasta el final, gira.
Vuelta 3 (R): 2 c, 1 mpadel en cada p hasta el final, gira.
Rep las vueltas 2 y 3 para formar la muestra.

Punto alto alterno por detrás y por delante

NIVEL
Fácil

CADENETA BASE
Número de puntos requerido y 3 más

ASPECTO
Reversible

Vuelta 1: 1 pa en la cuarta c desde el ganchillo y en cada c hasta el final, gira.
Vuelta 2 (D): 3 c, 1 padet en cada p hasta el final, gira.
Vuelta 3 (R): 3 c, 1 padel en cada p hasta el final, gira.
Rep las vueltas 2 y 3 para formar la muestra.

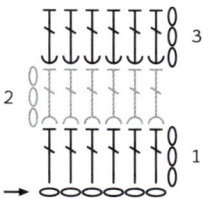

Puntos alternos

Los puntos mostrados hasta ahora crean tejidos reversibles con una textura rayada o con surcos por ambas caras, tejiendo el mismo punto vuelta tras vuelta. Si no tienes la intención de que se vea la cara posterior del tejido, puedes alternar puntos tejidos solo por la hebra anterior y por la posterior en cada vuelta; de este modo, las rayas o los surcos aparecerán en la cara delantera, como en los puntos de esta página.

Punto de cordón

NIVEL
Medio

CADENETA BASE
Número de puntos
requerido y 1 más

ASPECTO
Una sola cara

① Inserta el ganchillo en
el primer punto a la
derecha del que
acabas de tejer ......

② 2 lazadas retorcidas
en el ganchillo

③ Saca una
lazada a través
de las 2 lazadas
retorcidas para
completar el punto ......

Vuelta de base: Haz 1 punto bajo en la segunda cadeneta desde el ganchillo y en cada cadeneta hasta el final. **No** gires.

1 **Vuelta 1:** Haz 1 cadeneta e inserta el ganchillo por delante (en la hebra anterior) del siguiente punto a la DERECHA. Echa el hilo.

2 Saca una lazada hacia delante, girando el ganchillo para poder recoger el hilo de nuevo.

3 Echa el hilo y sácalo a través de las dos lazadas retorcidas para completar el punto. * 1 punto bajo por delante en el siguiente punto a la DERECHA; repite desde * hasta el final, **no** gires. **Vuelta 2:** Haz 1 cadeneta y 1 punto bajo por detrás en cada punto hasta el final. **No** gires. Repite las vueltas 1 y 2 para formar la muestra.

Punto de jersey

NIVEL
Medio

CADENETA BASE
Número de puntos
requerido y 1 más

ASPECTO
Reversible

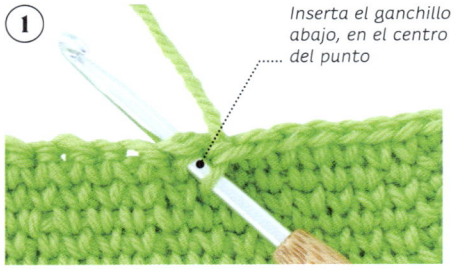

① Inserta el ganchillo
abajo, en el centro
...... del punto

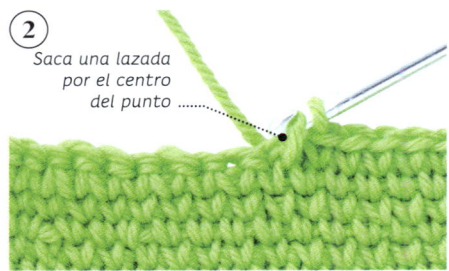

② Saca una lazada
por el centro
del punto ....

Vuelta de base: Haz 1 punto bajo en la segunda cadeneta desde el ganchillo y en cada cadeneta hasta el final. Gira.

1 **Vuelta 1:** Haz 1 cadeneta de vuelta y 1 punto bajo en el primer punto. *Inserta el ganchillo a través de la columna del siguiente punto bajo, por debajo del

bulto horizontal y entre las «patas» del punto.

2 Echa el hilo y saca una lazada hacia delante: habrá 2 lazadas en el ganchillo. Echa el hilo y sácalo a través de las 2 lazadas restantes; repite desde *en cada punto hasta el final de la vuelta, gira. Repite la vuelta 1 para formar la muestra.

Canalé a punto bajo

NIVEL
Medio

CADENETA BASE
Número de puntos requerido y 1 más

ASPECTO
Reversible

1

Inserta el ganchillo por debajo de la parte superior del punto

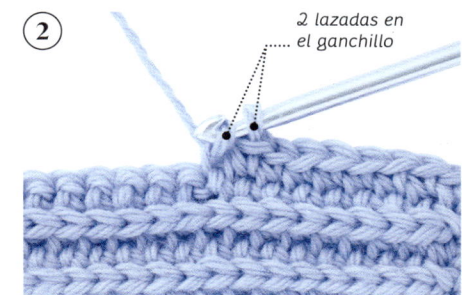

2

2 lazadas en el ganchillo

3

Saca una lazada por las 2 lazadas restantes para completar el punto

Vuelta de base: Haz 1 punto bajo en la segunda cadeneta desde el ganchillo y en cada cadeneta hasta el final. Gira.

1 **Vuelta 1:** Haz 1 cadeneta de vuelta. *Inserta el ganchillo en el bulto horizontal del siguiente punto bajo, es decir, por debajo de donde suele insertarse, bajo la «v» de la parte superior.

2 Echa el hilo y saca una lazada hacia delante.

3 Completa el punto bajo como de costumbre. Repite desde * tejiendo por el bulto horizontal del punto hasta el final de la vuelta y gira. Repite la vuelta 1 para formar la muestra.

Punto camello

NIVEL
Medio

CADENETA BASE
Número de puntos requerido y 2 más

ASPECTO
Reversible

1

Inserta el ganchillo en el bulto posterior del punto

2

Saca una lazada por el bulto posterior: quedan 3 lazadas en el ganchillo

Vuelta de base: Haz 1 medio punto alto en la tercera cadeneta desde el ganchillo y en cada cadeneta hasta el final. Gira.

1 **Vuelta 1:** Haz 2 cadenetas de vuelta. *Inserta el ganchillo en la tercera hebra posterior del siguiente medio punto alto, es decir, la que está por debajo de las 2 hebras superiores y forma un bulto horizontal por detrás.

2 Saca una lazada a través de este bulto: quedarán 3 lazadas en el ganchillo. Completa el medio punto alto. Repite desde * tejiendo por el tercer bulto horizontal posterior de cada punto hasta el final de la vuelta y gira. Repite la vuelta 1 para formar la muestra.

Punto bajo enlazado

NIVEL
Medio

CADENETA BASE
Número de puntos
requerido y 2 más

ASPECTO
Reversible

ABREVIATURA
pbe

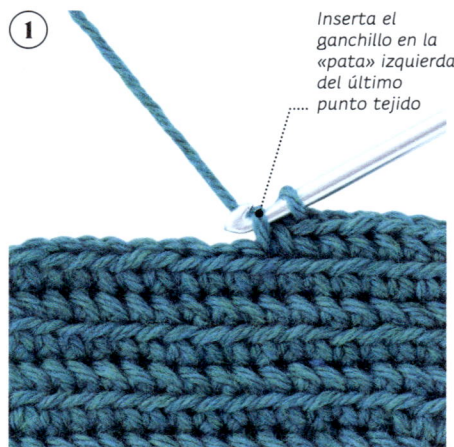

① *Inserta el ganchillo en la «pata» izquierda del último punto tejido*

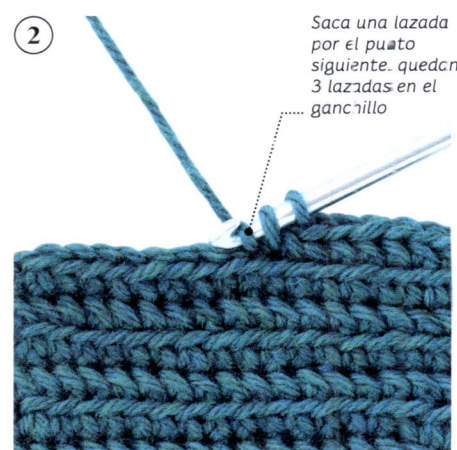

② *Saca una lazada por el punto siguiente, quedan 3 lazadas en el ganchillo*

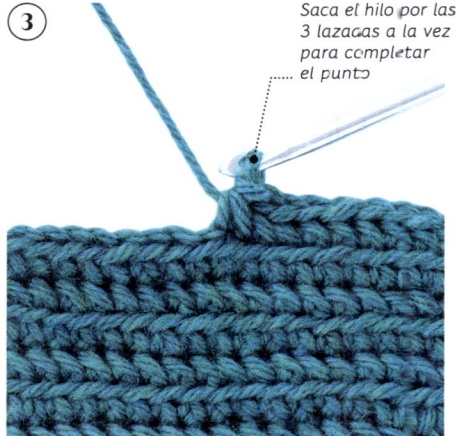

③ *Saca el hilo por las 3 lazadas a la vez para completar el punto*

Vuelta de base: Haz 1 punto bajo normal en la segunda cadeneta desde el ganchillo y 1 punto bajo enlazado (véase abajo) en cada cadeneta hasta el final. Gira.

1   Vuelta 1: Haz 1 cadeneta de vuelta y luego 1 punto bajo en el primer punto. Haz un punto bajo enlazado en el siguiente punto: *inserta el ganchillo de delante atrás en la «pata» izquierda del punto que acabas de hacer.*

2   *Saca una lazada: habrá 2 lazadas en el ganchillo. Inserta el ganchillo en el punto siguiente y saca una lazada: habrá 3 lazadas en el ganchillo.*

3   *Echa el hilo y sácalo a través de las 3 lazadas.* Repite hasta el final de la vuelta, haciendo 1 punto bajo enlazado en cada punto, y gira. Repite la vuelta 1 para formar la muestra.

Cómo tejer un punto alto enlazado

Los puntos enlazados son como los normales, pero unidos a un punto anterior para crear un tejido tupido y resistente. El punto alto enlazado (pae) se teje como el medio punto enlazado (p. 45), con la diferencia de que cuando tengas 3 lazadas en el ganchillo debes cerrarlas a pares, como harías para completar un punto alto normal, en vez de sacar el hilo a través de las 3 a la vez, como para completar un medio punto alto.

Medio punto alto enlazado

NIVEL
Medio

CADENETA BASE
Número de puntos
requerido y 2 más

ASPECTO
Reversible

ABREVIATURA
mpae

1 .... *Saca una lazada por la segunda cadeneta desde el ganchillo*

2 .... *Saca una lazada por el primer punto de la vuelta*

3 .... *Completa un medio punto alto normal*

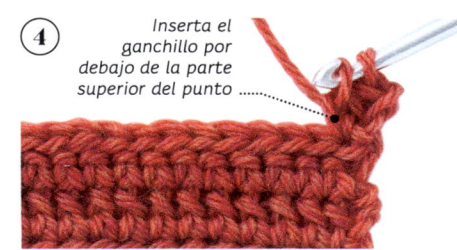

4 *Inserta el ganchillo por debajo de la parte superior del punto* ....

5 *Saca una lazada por el siguiente punto por tejer de la vuelta* ....

6 *Completa el punto como un medio punto alto normal* ....

Vuelta de base: Haz 1 medio punto alto enlazado (véase abajo) en la segunda y la tercera cadenetas desde el ganchillo y en cada cadeneta hasta el final. Gira.

1 **Vuelta 1:** Haz 2 cadenetas de vuelta. Haz un medio punto alto enlazado en el siguiente punto: *inserta el ganchillo en la segunda cadeneta desde el ganchillo y saca una lazada: habrá 2 lazadas en el ganchillo.*

2 *Inserta el ganchillo en el primer punto de la vuelta y saca una lazada: habrá 3 lazadas en el ganchillo.*

3 *Echa el hilo y sácalo a través de las 3 lazadas.* Así se completa el primer punto bajo enlazado.

4 *Inserta el ganchillo por la «pata» izquierda del medio punto alto enlazado que acabas de hacer, echa el hilo y saca una lazada: habrá 2 lazadas en el ganchillo.

5 Inserta el ganchillo en el siguiente punto y saca una lazada: habrá 3 lazadas en el ganchillo.

6 Echa el hilo y sácalo a través de las 3 lazadas para completar el medio punto alto enlazado. Repite desde * hasta el final de la vuelta, tejiendo en cada punto 1 medio punto alto enlazado, y gira. Repite la vuelta 1 para formar la muestra.

Punto bajo alargado

NIVEL
Fácil

CADENETA BASE
Número de puntos requerido y 2 más

ASPECTO
Reversible

ABREVIATURA
pba

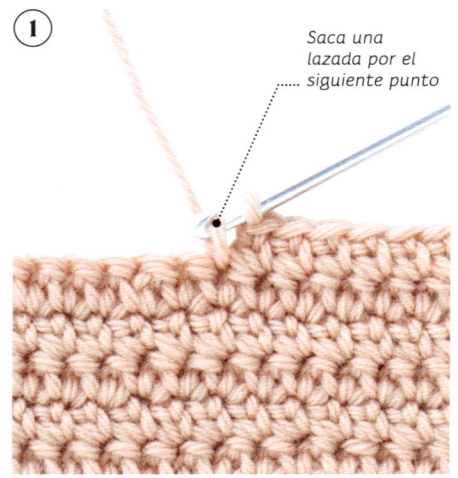

Saca una lazada por el siguiente punto

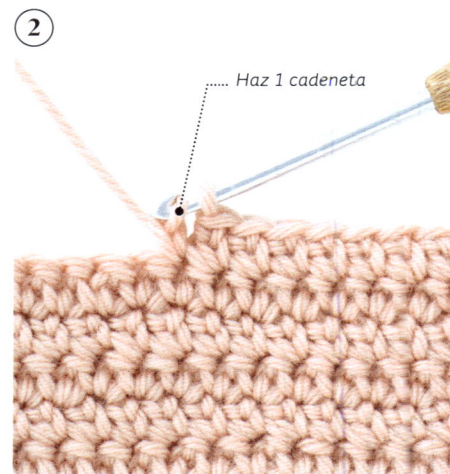

Haz 1 cadeneta

Vuelta de base: Haz 1 punto bajo alargado (véase abajo) en la segunda cadeneta desde el ganchillo y en cada cadeneta hasta el final. Gira.

1 Vuelta 1: Haz 2 cadenetas de vuelta. Teje un punto bajo alargado en el siguiente punto: *inserta el ganchillo en el siguiente punto y saca una lazada: habrá 2 lazadas en el ganchillo.*

2 *Haz 1 cadeneta: habrá 2 lazadas en el ganchillo.*

3 *Echa el hilo y sácalo a través de las 2 lazadas.* Así se completa el primer punto bajo alargado. Repite a lo largo del resto de la vuelta, tejiendo 1 punto bajo alargado en cada punto, y gira. Repite la vuelta 1 para formar la muestra.

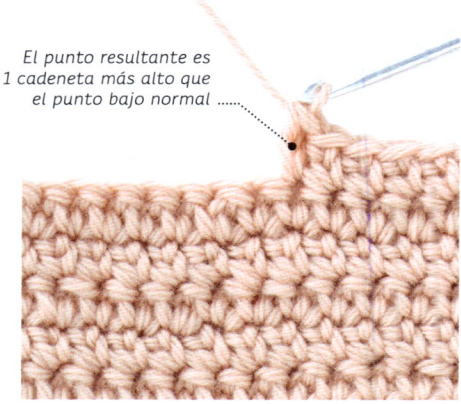

El punto resultante es 1 cadeneta más alto que el punto bajo normal

Medio punto alto alargado

NIVEL
Fácil

CADENETA BASE
Número de puntos
requerido y 3 más

ASPECTO
Reversible

ABREVIATURA
mpaa

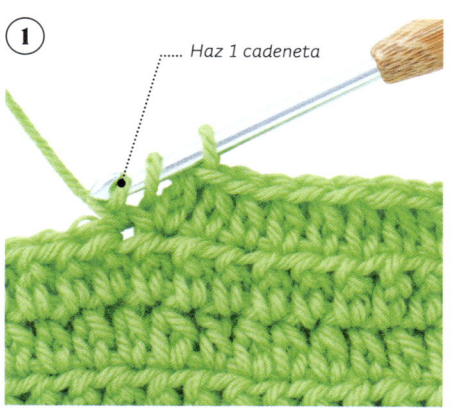

..... Haz 1 cadeneta

Vuelta de base: Haz 1 medio punto alto alargado (véase abajo) en la tercera cadeneta desde el ganchillo y en cada cadeneta hasta el final. Gira.

1 **Vuelta 1:** Haz 3 cadenetas de vuelta. Teje un medio punto alto alargado en el siguiente punto: *echa el hilo, inserta el ganchillo en el siguiente punto y saca una lazada: habrá 3 lazadas en el ganchillo.*

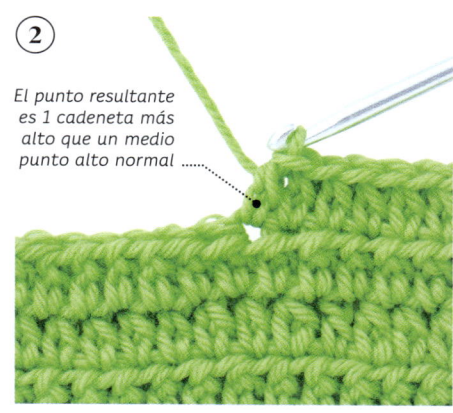

El punto resultante es 1 cadeneta más alto que un medio punto alto normal ......

Haz 1 cadeneta: habrá 3 lazadas en el ganchillo.

2 *Echa el hilo y sácalo a través de las 3 lazadas. Así se completa el primer medio punto alto alargado. Repite a lo largo del resto de la vuelta, tejiendo 1 medio punto alto alargado en cada punto, y gira. Repite la vuelta 1 para formar la muestra.*

Punto alto alargado

NIVEL
Fácil

CADENETA BASE
Número de puntos
requerido y 4 más

ASPECTO
Reversible

ABREVIATURA
paa

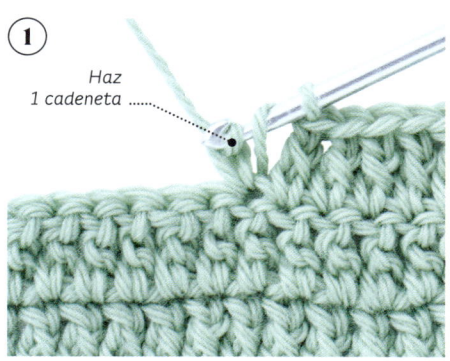

Haz 1 cadeneta ......

Vuelta de base: Haz 1 punto alto alargado (véase abajo) en la cuarta cadeneta desde el ganchillo y en cada cadeneta hasta el final. Gira.

1 **Vuelta 1:** Haz 4 cadenetas de vuelta. Teje un punto alto alargado en el siguiente punto: *echa el hilo, inserta el ganchillo en el siguiente punto y saca una lazada: habrá 3 lazadas en*

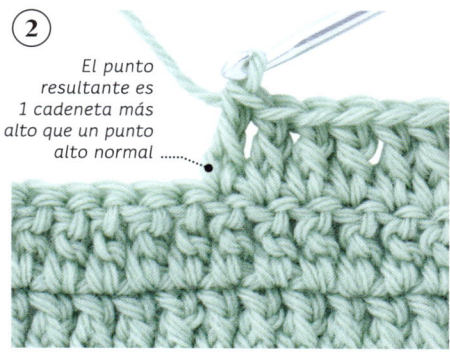

El punto resultante es 1 cadeneta más alto que un punto alto normal ......

el ganchillo. Haz 1 cadeneta: habrá 3 lazadas en el ganchillo.

2 *Cierra las lazadas a pares, como para completar un punto alto normal (p. 34). Así se completa el primer punto alto alargado. Repite a lo largo del resto de la vuelta, tejiendo 1 punto alto alargado en cada punto, y gira. Repite la vuelta 1 para formar la muestra.*

Puntos con textura

Puntos mixtos

Una vez hayas aprendido a tejer los puntos básicos puedes empezar a jugar con ellos para crear texturas. En vez de repetir solo un tipo de punto a lo largo de una vuelta, combina puntos diferentes unos junto a otros para crear un tejido más tridimensional. Cuando se intercalan puntos básicos con cadenetas al aire, el ganchillo debe introducirse a través del espacio que queda bajo la cadeneta, y no en esta, para obtener un bonito efecto, como en el punto de lino y sus variantes. Si los puntos se tejen en distinta secuencia a lo largo de una vuelta, como en los puntos bajo, medio punto alto y alto cruzados, se obtiene un precioso efecto que los asemeja a los puntos de bordado de tapicería, aunque al principio resulte complicado.

Estos puntos son adecuados para hacer más vistosos artículos simples, como los paños de cocina, pero como no cambian radicalmente la estructura del tejido, también son ideales para dar un sutil toque de originalidad a prendas de vestir y complementos.

Punto de lino

NIVEL
Fácil

CADENETA BASE
Número impar de puntos
(+ 1 c de vuelta)

ASPECTO
Reversible

(1) *Inserta el ganchillo por debajo de esta cadeneta*

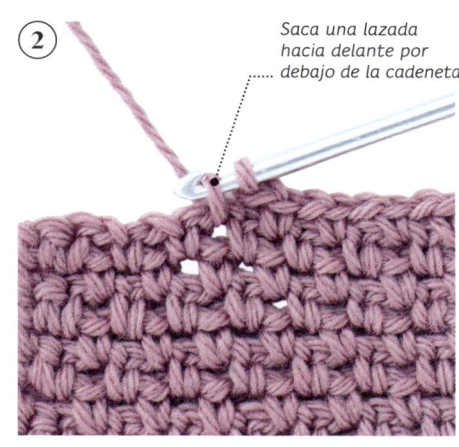

(2) *Saca una lazada hacia delante por debajo de la cadeneta*

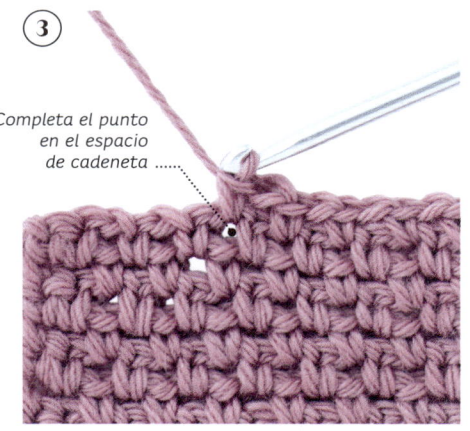

(3) *Completa el punto en el espacio de cadeneta*

Vuelta de base: Haz 1 punto bajo (pb) en la segunda cadeneta (c) desde ganchillo, *1 c, salta el p sig, 1 pb en p sig; rep desde * hasta el final, gira.

1 **Vuelta 1:** Haz 1 cadeneta de vuelta, 1 pb en el p sig, 1 pb en el sig espacio de cadeneta (esp-c): *inserta el ganchillo en el espacio debajo de la sig c.*

2 *Echa el hilo (eh) y saca una lazada por este esp-c, por debajo de la c: habrá 2 lazadas en el ganchillo.*

3 *Eh y sácalo a través de las 2 lazadas para completar el pb en el esp-c.* *1 c, salta el pb sig, 1 pb en el sig esp-c; rep desde * hasta el último p, 1 pb en el último p, gira. **Vuelta 2:** 1 c de vuelta, 1 pb en el primer p, *1 c, salta el pb sig, 1 pb en el sig esp-c; rep desde * hasta los 2 últimos p, 1 c, salta el p sig, 1 pb en el último p, gira. Repite las vueltas 1 y 2 para formar la muestra.

Variante del punto de lino

Se hace como el punto de lino normal, tejiendo los puntos bajos por detrás (por la hebra posterior) de la cadeneta correspondiente en vez de pasando por debajo de esta, a través del espacio inferior.

Punto de lino a rayas

Es increíble la diferencia que puede suponer una simple raya en un tejido. En este caso se ha obtenido un punto de lino de colores contrastados tejiendo las dos primeras vueltas en un color y en otro distinto cada tercera vuelta.

Punto de cubrecama

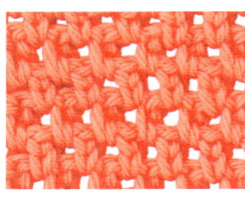

NIVEL
Fácil

CADENETA BASE
Número impar de puntos
(+ 1 c de vuelta)

ASPECTO
Reversible

Vuelta 1: 1 pba en la segunda c desde el ganchillo, 1 c, salta el p sig, 1 pba en la sig c * hasta el final, gira.
Vuelta 2: 2 c, 1 pba en el primer p, 1 pba en el esp-c, *1 c, salta el sig pba, 1 pba en el esp-c hasta el último p, 1 pba, gira.
Vuelta 3: 2 c, 1 pba en el primer p, *1 c, salta el sig pba, 1 pba en el esp-c * hasta los últimos 2 p, 1 c, salta el p sig, 1 pba en el último p, gira.
Rep las vueltas 2 y 3 para formar la muestra.

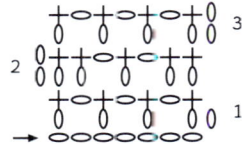

Punto de tamiz

NIVEL
Medio

CADENETA BASE
Número impar de puntos
(+ 1 c de vuelta)

ASPECTO
Reversible

Vuelta 1: 1 pb en la segunda c desde el ganchillo y en cada c hasta el final, gira.
Vuelta 2: 1 c, 1 pb en el primer p (1 c, salta el sig p, 1 pb en el p sig) hasta el final, gira.
Vuelta 3: 1 c, 1 pb en el primer p, 2 pb en cada esp-c hasta el final, gira.
Vuelta 4: 1 c, 1 pb en el primer p (1 c, salta el p sig, 1 pb en el p sig) hasta el final, gira.
Rep las vueltas 3 y 4 para formar la muestra.

Punto bajo cruzado

NIVEL
Fácil

CADENETA BASE
Número impar de puntos
(+ 1 c de vuelta)

ASPECTO
Reversible

① *Punto saltado*

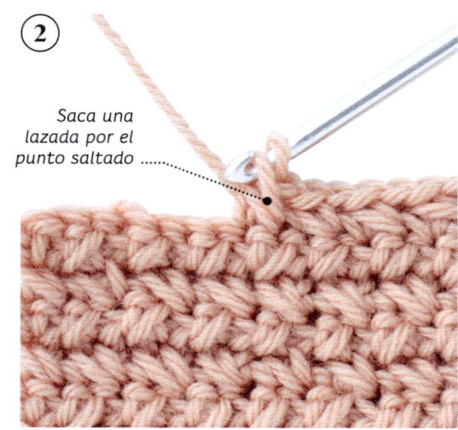

② *Saca una lazada por el punto saltado*

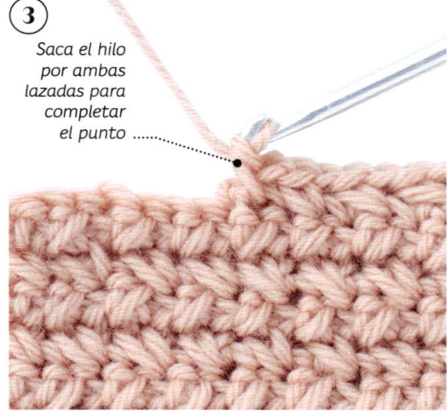

③ *Saca el hilo por ambas lazadas para completar el punto*

Vuelta de base: Haz 1 punto bajo (pb) en la segunda cadeneta (c) desde ganchillo y en cada c hasta el final, gira.

1. **Vuelta 1:** Haz 1 cadeneta de vuelta y luego 1 pb en el p sig. *Salta el p sig y haz 1 pb en el p sig.

2. Vuelve a insertar el ganchillo en el punto saltado, pasándolo por delante del último pb tejido, y saca una lazada a través de este punto: habrá 2 lazadas en el ganchillo.

3. Echa el hilo y sácalo a través de las 2 lazadas para completar un pb; rep desde * hasta el final de la vuelta, gira. Repite la vuelta 1 para formar la muestra.

Medio punto alto cruzado y punto alto cruzado

Este mismo punto puede tejerse a medio punto alto o a punto alto, sustituyendo los puntos bajos por medios puntos altos (abajo, a la izquierda) o puntos altos (abajo, a la derecha) donde corresponda.

Espiguilla a medio punto alto

NIVEL
Medio

CADENETA BASE
Número de puntos
requerido (+ 2 c de vuelta)

ASPECTO
Reversible

ABREVIATURA
esmpa

① *Inserta el ganchillo en el ..... siguiente punto*

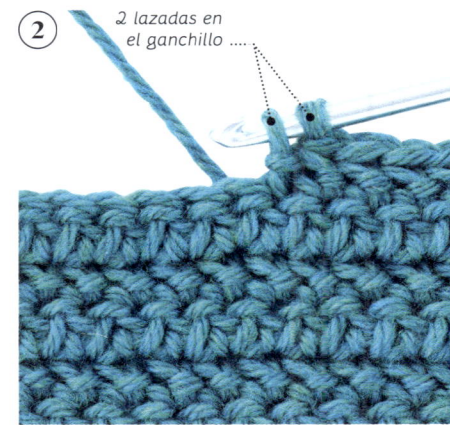

② *2 lazadas en el ganchillo ....*

Vuelta de base: Haz 1 punto de espiguilla a medio punto alto (véase abajo) en la tercera cadeneta (c) desde el ganchillo y en cada cadeneta hasta el final, gira.

1   Vuelta 1: Haz 2 c de vuelta. Haz 1 esmpa en cada punto a lo largo de la vuelta: *echa el hilo (eh) e inserta el ganchillo en el punto siguiente.*

2   *Eh y saca una lazada a través del punto Y directamente de la siguiente lazada del ganchillo: habrá 2 lazadas en el ganchillo.*

3   *Eh y sácalo a través de ambas lazadas* para completar el esmpa; rep desde * para hacer 1 esmpa en cada p hasta el final, gira. Repite la vuelta 1 para formar la muestra.

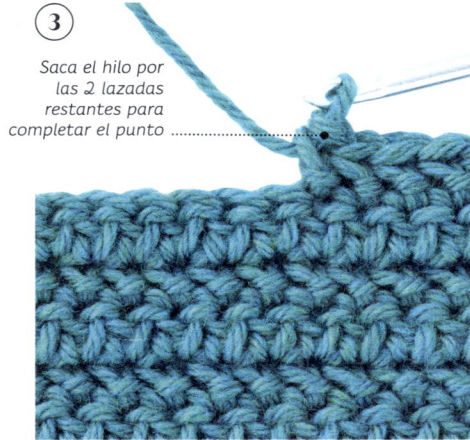

③ *Saca el hilo por las 2 lazadas restantes para completar el punto ....*

Espiguilla a punto alto

NIVEL
Medio

CADENETA BASE
Número de puntos
requerido (+ 3 c de vuelta)

ASPECTO
Reversible

ABREVIATURA
espa

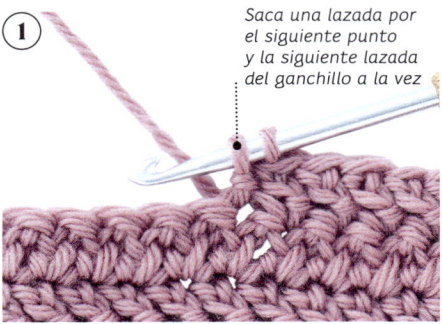

Saca una lazada por el siguiente punto y la siguiente lazada del ganchillo a la vez

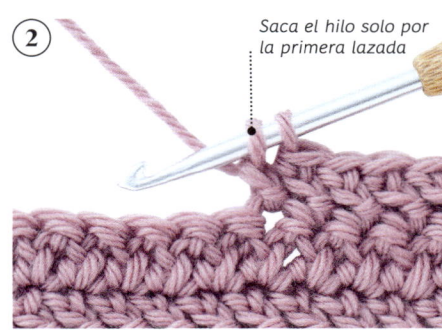

Saca el hilo solo por la primera lazada

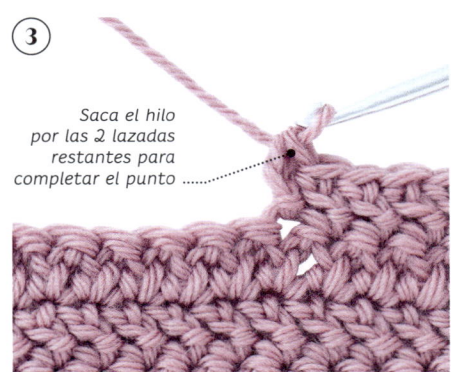

Saca el hilo por las 2 lazadas restantes para completar el punto

Vuelta de base: Haz 1 punto de espiguilla a punto alto (véase abajo) en la cuarta cadeneta (c) desde el ganchillo y en cada c hasta el final, gira.

1 **Vuelta 1:** Haz 3 c de vuelta. Haz 1 espa en cada punto a lo largo de la vuelta: *echa el hilo (eh) e inserta el ganchillo en el punto siguiente. Eh y saca una lazada a través del punto Y directamente de la siguiente lazada del ganchillo: habrá 2 lazadas en el ganchillo.

2 Eh y sácalo a través de 1 lazada: habrá 2 lazadas en el ganchillo.

3 Eh y sácalo por las 2 lazadas restantes. Así se completa el espa; rep desde * para hacer 1 espa en cada p hasta el final de la vuelta, gira. Repite la vuelta 1 para formar la muestra.

Punto de musgo

NIVEL
Fácil

CADENETA BASE
Número impar de puntos
(+ 1 c de vuelta)

ASPECTO
Reversible

1 punto raso

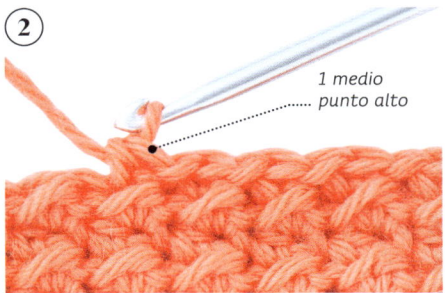

1 medio punto alto

Vuelta de base: Haz 1 punto raso (pr) en la segunda cadeneta (c) desde el ganchillo. *1 medio punto alto (mpa) en la sig c, 1 pr en la sig c; repite desde * hasta el final, gira.

1 **Vuelta 1:** Haz 1 c de vuelta y luego 1 pr en el punto siguiente.

2 Haz *1 mpa en el p sig y luego 1 pr en el p sig; rep desde * hasta el final de la vuelta, gira. Rep la vuelta 1 para formar la muestra. Haz siempre 1 pr sobre 1 pr y 1 mpa sobre 1 mpa en todas las vueltas.

Punto parrilla

NIVEL
Fácil

CADENETA BASE
Número par de puntos
(+ 1 c de vuelta)

ASPECTO
Reversible

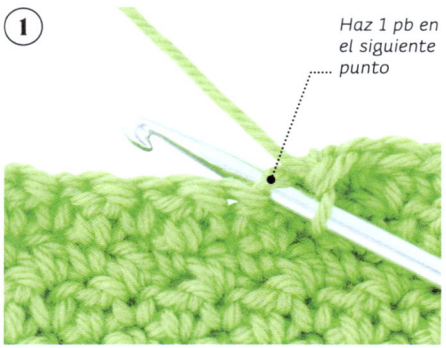

① Haz 1 pb en el siguiente punto

Vuelta de base: Haz 1 punto bajo (pb) en la segunda cadeneta (c) desde el ganchillo, 1 punto alto (pa) en la sig c, * 1 pb en la sig c, 1 pa en la sig c; repite desde * hasta el final, gira.

1 Vuelta 1: Haz 1 c de vuelta. *Haz 1 pb en el punto siguiente.

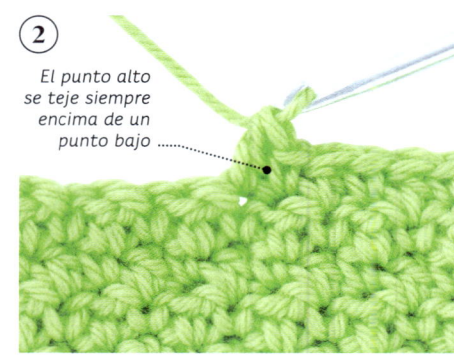

② El punto alto se teje siempre encima de un punto bajo

2 Haz 1 pa en el p sig; repite desde * hasta el final de la vuelta, gira. Repite la vuelta 1 para formar la muestra.

Nota: Siempre debes tejer un pb en un pa, y un pa en un pb en cada vuelta.

Variante del punto parrilla

Se teje como el punto parrilla, alternando puntos bajos y altos a lo largo de las vueltas, pero tejiendo los puntos bajos sobre los puntos bajos y los altos sobre los altos.

Punto de adoquín

NIVEL
Fácil

CADENETA BASE
Número impar de puntos
(+ 1 c de vuelta)

ASPECTO
Reversible

Vuelta 1: 1 pb en la segunda c desde el ganchillo y 1 pb en cada c hasta el final, gira.
Vuelta 2: 1 c, 1 pb en el primer p (1 pad en el p sig, 1 pb en el p sig) hasta el final, gira.
Vuelta 3: 1 c, 1 pb en el primer p, 1 pb en cada p hasta el final, gira. Rep las vueltas 2 y 3 para formar la muestra.

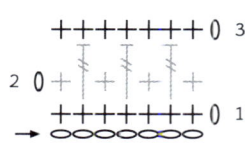

Piel de limón

NIVEL
Fácil

CADENETA BASE
Número impar de puntos
(+ 1 c de vuelta)

ASPECTO
Reversible

Vuelta 1: 1 pb en la segunda c desde el ganchillo, 1 pa en el p sig, 1 pr en el p sig; rep desde * hasta el final, gira.
Vuelta 2: 3 c (cuentan como 1 pa), *1 pr en el p sig, 1 pa en el p sig; rep desde * hasta el final, gira.
Vuelta 3: 1 c, 1 pr en el primer p, *1 pa en el p sig, 1 pr en el p sig; rep desde * hasta el final, gira.
Rep las vueltas 2 y 3 para formar la muestra.

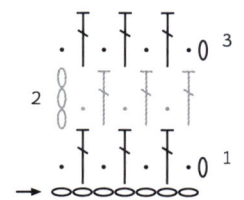

Punto florete

NIVEL
Fácil

CADENETA BASE
2 (+3)

ASPECTO
Reversible

Vuelta 1: 1 pa en la cuarta c desde el ganchillo y en cada c hasta el final, gira.
Vuelta 2: 1 c, 1 pr en el primer p, *1 pa en el p sig, 1 pr en el p sig; rep desde * hasta el final, gira.
Vuelta 3: 3 c (cuentan como 1 pa), 1 pa en cada punto a lo largo de la vuelta, gira.
Rep las vueltas 2 y 3 para formar la muestra.

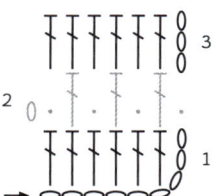

Punto arrugado

NIVEL
Fácil

CADENETA BASE
Número impar de puntos
(+ 1 c de vuelta)

ASPECTO
Reversible

Vuelta 1: 1 pr en la segunda c desde el ganchillo, (1 mpa en la c sig, 1 pr en la c sig), gira.
Vuelta 2: 2 c (cuentan como 1 mpa), (1 pr en el p sig, 1 mpa en el p sig* hasta el final), gira.
Vuelta 3: 1 c, 1 pr en el primer p, (1 mpa en el p sig, 1 pr en el p sig) hasta el final, gira.
Rep las vueltas 2 y 3 para formar la muestra.

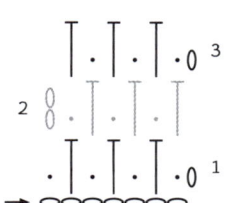

Puntos agrupados

Tejiendo más de un punto en un solo lugar crearás grupos de puntos que puedes usar para aumentar el número de puntos del tejido y, por lo tanto, darle forma, cuando tejas piezas tridimensionales, como los juguetes. Sin embargo, también puedes hacerlo simplemente para aportar relieve y atractivo a labores sencillas, como chales y bufandas.

Los puntos de esta sección se cuentan principalmente como un grupo sobre el cual se teje como si fuera un solo punto, saltándose el resto de los puntos que lo forman, como en el caso del punto de arena. No obstante, encontrarás grupos cuyos puntos se cuentan como tales y sobre los cuales se teje por separado. A menudo los puntos agrupados aparecen junto a espacios creados por cadenetas al aire, lo cual significa que no se trabaja sobre ellos, sino a través de los espacios que quedan por debajo de las cadenetas, como en el punto de ganchillo tradicional. Echa siempre un vistazo a las instrucciones para saber por dónde has de insertar el ganchillo.

Punto de juncia

NIVEL
Medio

CADENETA BASE
3 (+2)

ASPECTO
Reversible

① Haz 1 pb en el siguiente punto ......

② Haz 1 medio punto alto en el mismo punto ......

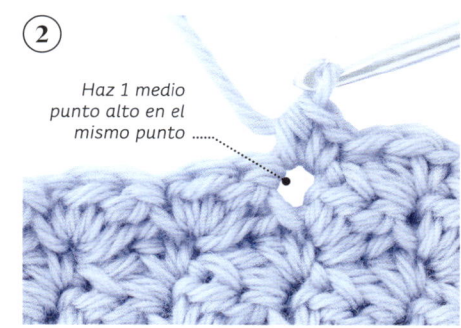

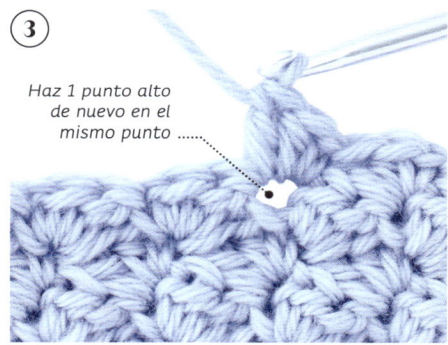

③ Haz 1 punto alto de nuevo en el mismo punto ......

Vuelta de base: Haz 1 punto bajo (pb) en la segunda cadeneta (c) desde el ganchillo y en cada c hasta el final, gira.

1 Vuelta 1: Haz 1 c de vuelta. *Haz 1 pb en el mismo punto.

2 Haz 1 medio punto alto (mpa) en el mismo punto.

3 Haz 1 punto alto (pa) en el mismo punto de nuevo, salta 2 puntos; repite desde * hasta el último p, 1 pb en el último punto, gira. Repite la vuelta 1 para formar la muestra.

Punto Suzette

NIVEL
Medio

CADENETA BASE
2 (+1)

ASPECTO
Reversible

① Haz 1 pb en el siguiente punto ......

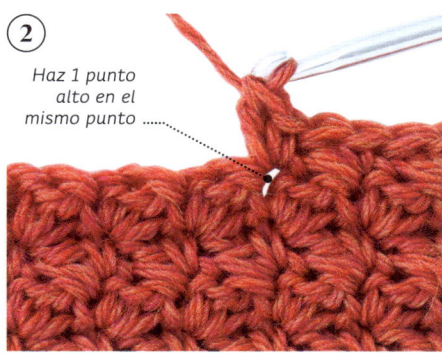

② Haz 1 punto alto en el mismo punto ......

Vuelta de base: Haz 1 punto bajo (pb) en la segunda cadeneta (c) desde el ganchillo y en cada c hasta el final, gira.

1 Vuelta 1: Haz 1 c de vuelta. Haz 1 medio punto alto (mpa) en el primer punto. *Salta el punto siguiente y haz 1 pb en el punto que sigue.

2 Haz 1 punto alto (mpa) en el mismo punto de nuevo; repite desde * hasta el último punto, haz 1 mpa en el último punto, gira. Repite la vuelta 1 para formar la muestra. Cuando esta tenga la longitud deseada, acaba con una vuelta a pb.

Medio punto alto pareado

NIVEL
Medio

CADENETA BASE
Número impar de puntos
(+2 c de vuelta)

ASPECTO
Reversible

Vuelta de base: Haz 1 medio punto alto (mpa) en la tercera cadeneta (c) desde el ganchillo, * salta la c siguiente y haz 2 mpa en la c siguiente; rep desde * hasta las 2 últimas c, salta la c siguiente y luego haz 1 mpa en la última c, gira.

Vuelta 1: Haz 2 c de vuelta, que cuentan como 1 mpa. * Salta el punto siguiente y haz 2 mpa en el punto siguiente. Repite desde * hasta el último punto. Teje 1 mpa en el último punto y gira. Repite la vuelta 1 para formar la muestra.

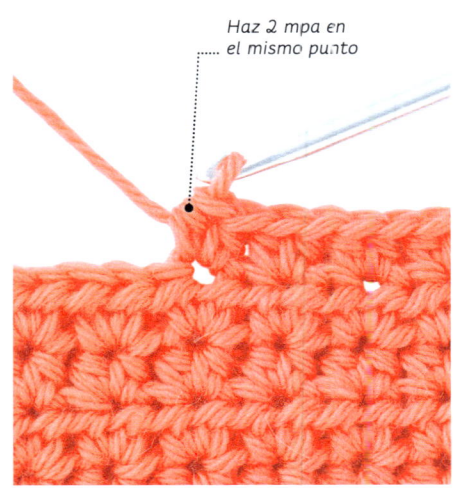

Haz 2 mpa en el mismo punto

Punto alto pareado

NIVEL
Medio

CADENETA BASE
Número impar de puntos
(+3 c de vuelta)

ASPECTO
Reversible

Vuelta de base: Haz 1 punto alto (pa) en la cuarta cadeneta (c) desde el ganchillo, * salta la c siguiente y haz 2 pa en la c siguiente; rep desde * hasta las dos últimas c, salta la c siguiente y haz 1 pa en la última c, gira.

Vuelta 1: Haz 3 c de vuelta, que cuentan como 1 pa. * Salta el punto siguiente y haz 2 pa en el punto siguiente. Repite desde * hasta el último punto. Teje 1 pa en el último punto y gira. Repite la vuelta 1 para formar la muestra.

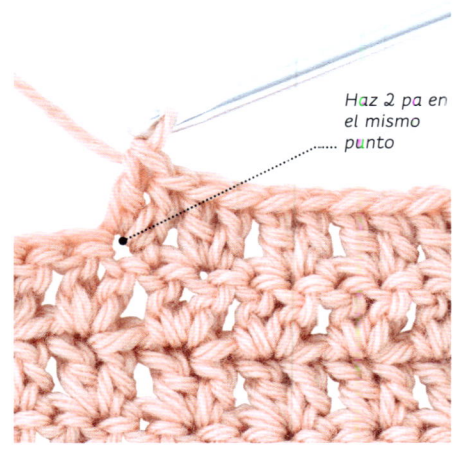

Haz 2 pa en el mismo punto

Punto bajo en V

NIVEL
Medio

CADENETA BASE
2

ASPECTO
Reversible

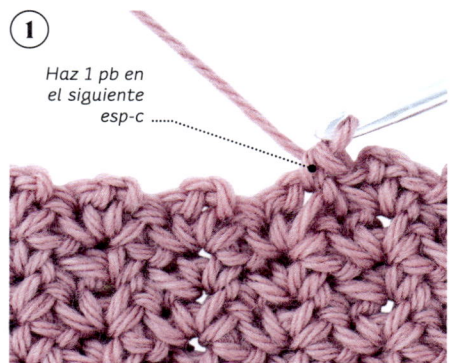

Haz 1 pb en el siguiente esp-c

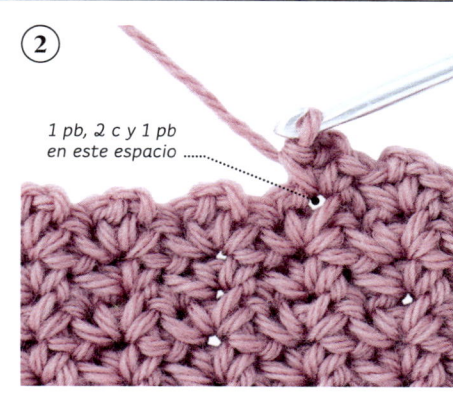

1 pb, 2 c y 1 pb en este espacio

Vuelta de base: Haz 1 punto bajo (pb) en la segunda cadeneta (c) desde el ganchillo, * salta la c siguiente y haz (1 pb, 2 c, 1 pb), **todos** en la c siguiente; rep desde * hasta las 2 últimas c, salta la c siguiente, haz 1 pb en la última c y gira.

1 **Vuelta 1:** Haz 1 c de vuelta. Haz 1 pb en el primer punto. * Haz 1 pb en el siguiente espacio de cadenetas (esp-c), insertando el ganchillo por debajo de las 2 c que lo forman.

2 Haz 2 c. Haz 1 pb de nuevo en el mismo espacio de 2 cadenetas que el último pb; repite desde * hasta el último punto, teje 1 pb en el último punto y gira. Repite la vuelta 1 para formar la muestra.

Medio punto alto en V

NIVEL
Medio

CADENETA BASE
2

ASPECTO
Reversible

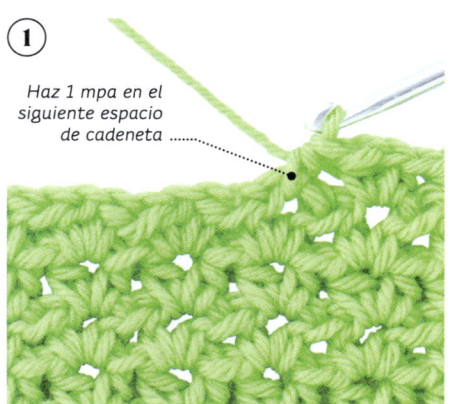

Haz 1 mpa en el siguiente espacio de cadeneta

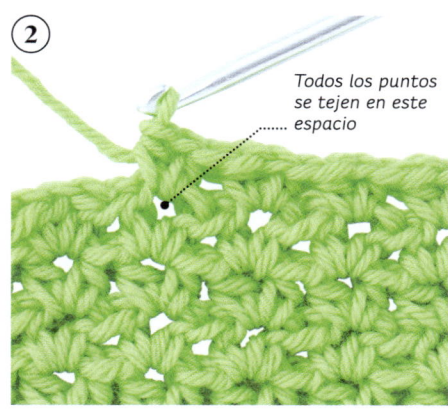

Todos los puntos se tejen en este espacio

Vuelta de base: Haz (1 mpa, 1 c, 1 mpa), **todos** en la cuarta cadeneta (c) desde el ganchillo, * salta la c siguiente y haz (mpa, 1 c, 1 mpa) en la c siguiente; rep desde * hasta las 2 últimas c, salta la c siguiente, haz 1 mpa en la última y gira.

1 **Vuelta 1:** Haz 2 c de vuelta, que cuentan como 1 medio punto alto (mpa). *Haz 1 mpa en el siguiente espacio de cadeneta (esp-c), insertando el ganchillo por debajo de la cadeneta.

2 Haz 1 c. Haz 1 mpa de nuevo en el mismo esp-c; repite desde * hasta el último punto, haz 1 mpa en el último punto y gira. Repite la vuelta 1 para formar la muestra.

Punto alto en V

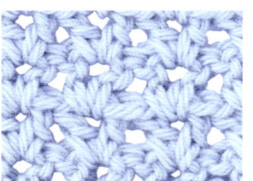

NIVEL
Medio

CADENETA BASE
2 (+3)

ASPECTO
Reversible

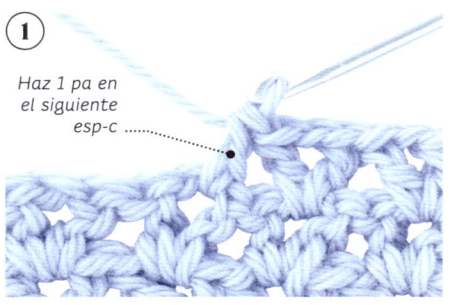

Haz 1 pa en el siguiente esp-c

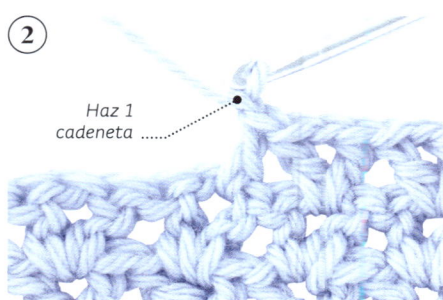

Haz 1 cadeneta

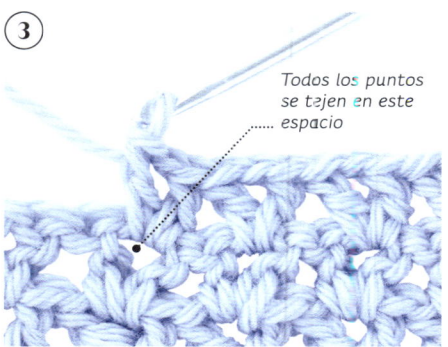

Todos los puntos se tejen en este espacio

Vuelta de base: Haz (1 pa, 1 c, 1 pa), **todos** en la 5.ª c desde el ganchillo, * salta la c sig y haz (1 pa, 1 c, 1 pa) en la c sig; rep desde * hasta las 2 últimas c, salta la c sig, 1 pa en la última c, gira.

1 **Vuelta 1:** Haz 3 c de vuelta, que cuentan como 1 pa. * Haz 1 pa en el sig espacio de cadeneta (esp-c), insertando el ganchillo por debajo de la única cadeneta que lo forma.

2 Haz 1 c.

3 Haz 1 pa de nuevo en el mismo espacio de cadeneta; repite desde * hasta el último punto, haz 1 pa en el último punto y gira. Repite la vuelta 1 para formar la muestra.

Punto de arena

NIVEL
Medio

CADENETA BASE
2 (+1 c de vuelta)

ASPECTO
Reversible

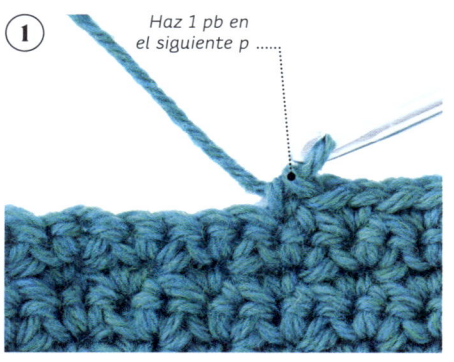

Haz 1 pb en el siguiente p

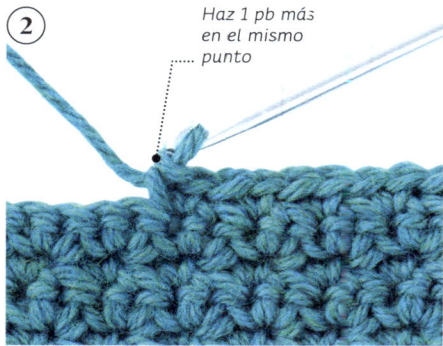

Haz 1 pb más en el mismo punto

Vuelta de base: Haz 1 punto bajo (pb) en la segunda cadeneta (c) desde el ganchillo y en cada c hasta el final, gira.

1 **Vuelta 1:** Haz 1 c de vuelta. Haz 1 pb en el primer punto. * Salta el punto siguiente y haz 1 pb en el punto siguiente.

2 Haz otro pb de nuevo en el mismo punto; repite desde * hasta el último punto, teje 1 pb en el último punto y gira. Repite la vuelta 1 para formar la muestra.

Punto de acacia

NIVEL
Medio

CADENETA BASE
3

ASPECTO
Reversible

Vuelta de base: Haz 1 punto bajo (pb) en la segunda cadeneta (c) desde el ganchillo, *haz (1 pb, 1 c, 1 pa), **todos** en la c siguiente, salta 2 c; rep desde * hasta las 3 últimas c, (1 pb, 1 c, 1 pa) pa en la siguiente c, salta la siguiente c, 1 pb en la última c, gira.

Vuelta 1: Haz 1 c de vuelta. Haz 1 pb en el primer punto, (1 pb, 1 c, 1 pa) en cada espacio de cadeneta (esp-c) hasta el último punto. Haz 1 pb en el último punto y gira. Repite la vuelta 1 para formar la muestra.

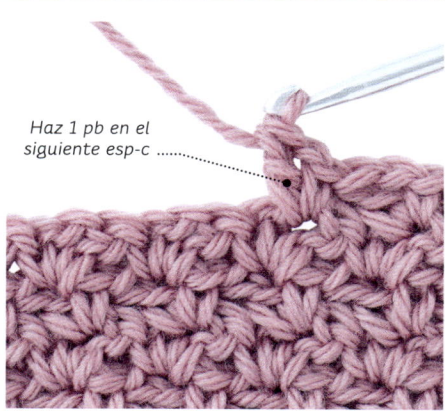

Haz 1 pb en el siguiente esp-c

Punto tradicional

NIVEL
Medio

CADENETA BASE
3 (+5)

ASPECTO
Reversible

①

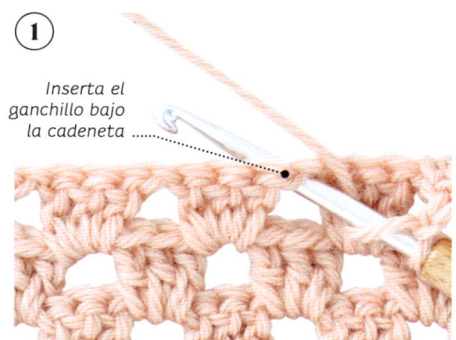

Inserta el ganchillo bajo la cadeneta

Vuelta de base: Haz 3 pa en la 4.ª c desde el ganchillo, * salta 2 c, haz 3 pa en la c sig y 1 c; rep desde * hasta las 4 últimas c, salta 2 c, teje 3 pa en la c sig y 1 pa en la última c, gira.

1 Vuelta 1: Haz 4 c de vuelta, (cuentan como primer pa), y 1 c. Echa el hilo e inserta el ganchillo en el sig esp-c, por debajo de la única cadeneta que lo forma.

②

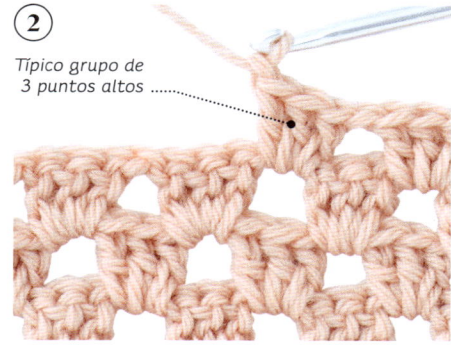

Típico grupo de 3 puntos altos

2 Completa el pa normalmente en el esp-c. Haz 2 pa más en este espacio y luego 1 c. (3 pa, 1 c) en cada espacio de 1 cadeneta a lo largo de la vuelta, gira. **Vuelta 2:** Haz 3 c de vuelta, que cuentan como primer pa, 3 pa en el primer esp-c, (1 c, 3 pa) en cada esp-c a lo largo de la vuelta, 1 pa en el último p, gira. Repite las vueltas 1 y 2 para formar la muestra.

Punto tradicional multicolor

El punto de ganchillo tradicional suele tejerse a rayas de colores para hacerlo más vistoso. En este ejemplo se han tejido en tonos contrastados las tres primeras vueltas, que se repiten a continuación.

Punto de ladrillo

NIVEL
Medio

CADENETA BASE
3 (+5)

ASPECTO
Reversible

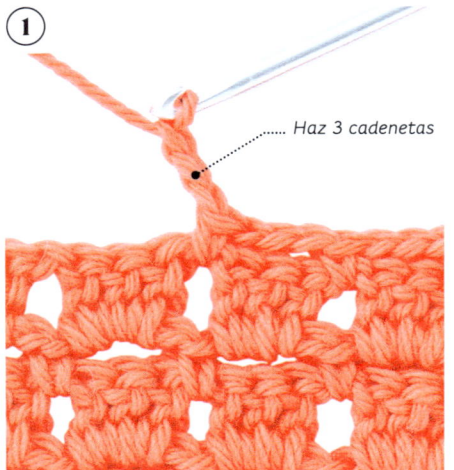

...... *Haz 3 cadenetas*

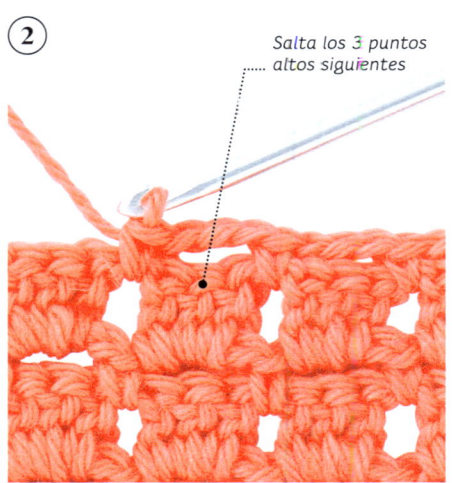

*Salta los 3 puntos
altos siguientes*

Vuelta de base: Haz 3 puntos altos (pa) en la cuarta cadeneta (c) desde el ganchillo. *Salta 2 c, haz 3 pa en la c siguiente y 1 c; rep desde * hasta las 4 últimas c, salta 2 c, teje 3 pa en la c siguiente y 1 pa en la última c, gira.

1 **Vuelta 1:** Haz 1 c de vuelta. Haz 1 punto bajo (pb) en el primer punto y luego 3 c.

2 Salta los 3 pa siguientes. *Teje 1 pb en el siguiente espacio de 1 c, haz 3 c, salta 3 pa; rep desde * hasta el último punto. Haz 1 pb en el último punto, gira.

3 **Vuelta 2:** Haz 3 c de vuelta (cuentan como primer pa). Teje (3 pa, 1 c) en cada esp-c a lo largo de la vuelta, 1 pa en el último p, gira. Repite las vueltas 1 y 2 para formar la muestra.

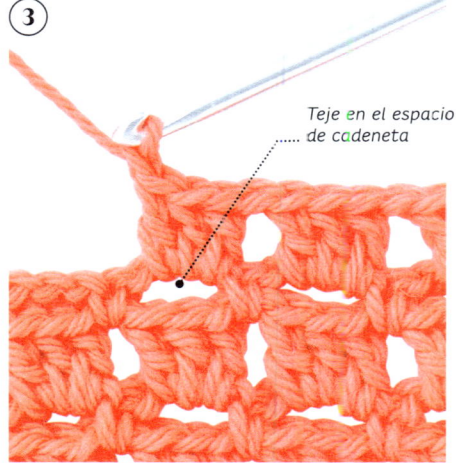

*Teje en el espacio
de cadeneta*

Punto de ladrillo multicolor

Se teje como el punto de ladrillo (arriba), alternando 2 colores en cada vuelta.

Punto cruzado

NIVEL
Medio

CADENETA BASE
7 (+8)

ASPECTO
Reversible

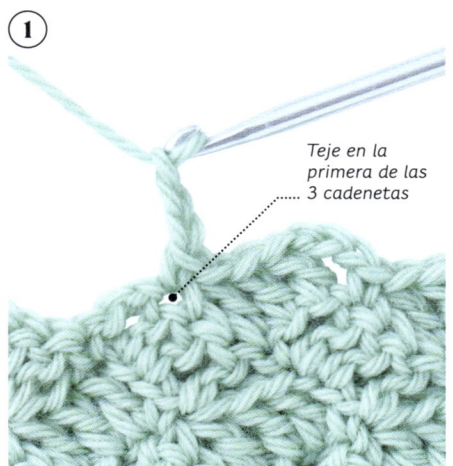

Teje en la primera de las 3 cadenetas

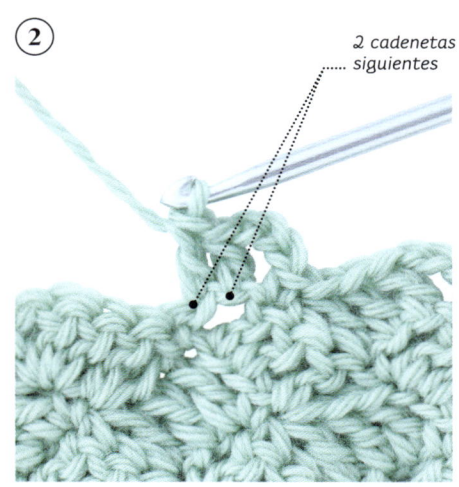

2 cadenetas siguientes

Vuelta de base: Haz 2 puntos altos (pa) en la cuarta cadeneta (c) desde el ganchillo. *Salta 3 c, haz 1 punto bajo (pb) en la c siguiente, 3 c, 1 pa en cada una de las 3 c siguientes, salta 3 c, 1 pb en la siguiente c; rep desde * hasta el final, gira.

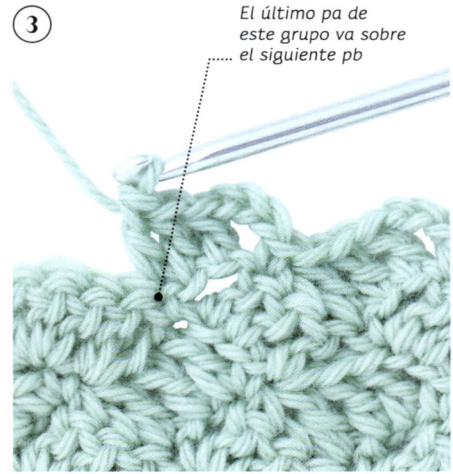

El último pa de este grupo va sobre el siguiente pb

1   Vuelta 1: Haz 3 c de vuelta (cuenta como primer pa). Haz 2 pa en el primer pb. *Salta 3 pa, haz 1 pb en la primera de las 3 c siguientes y luego 3 c.

2   1 pa en cada una de las 2 c siguientes.

3   1 pa en el siguiente pb; rep desde * hasta los 3 últimos puntos, salta los 2 puntos siguientes, haz 1 pb en el último pa, gira. Repite la vuelta 1 para formar la muestra.

Punto cruzado multicolor

Se teje como el punto cruzado (arriba), alternando 2 colores en cada vuelta.

Racimos y madroños

Los puntos agrupados son conjuntos de puntos que se tejen en el mismo sitio, pero los de este grupo en particular solo equivaldrán a un punto en total, de modo que suelen disminuir de algún modo hasta ese punto final. Este rápido aumento o disminución de un punto o un espacio produce abolladuras o bolitas que sobresalen del tejido.

Los más tridimensionales de estos puntos son los madroños o garbanzos y sus variantes, que dan lugar a tejidos divertidos y con mucho volumen, ya sea disponiéndolos en hilera o a intervalos, formando algún dibujo. Los madroños pueden añadirse sobre un fondo de cualquier otro punto, pero a menudo se combinan con puntos más pequeños que los utilizados para tejerlos, ya que esos puntos los deformarán y harán que destaquen aún más. Quedan muy graciosos en prendas infantiles dispuestos de manera que formen motivos florales o junto con los ochos para darles un aire al punto irlandés.

Racimo de medios puntos altos

NIVEL
Medio

CADENETA BASE
Cualquier número
de puntos

ASPECTO
Reversible

ABREVIATURA
rmpa

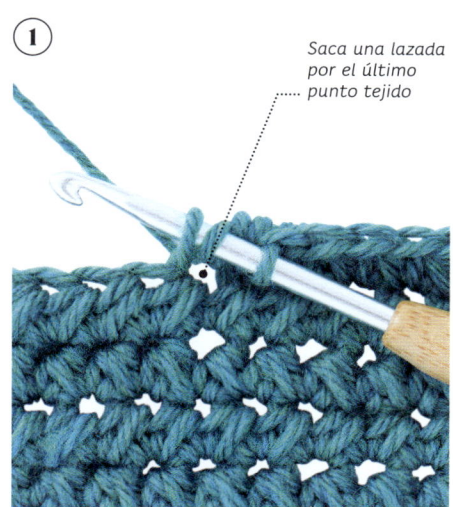

① Saca una lazada
por el último
····· punto tejido

② Saca una lazada por el
último punto tejido y
luego por el siguiente:
····· quedarán 5 lazadas

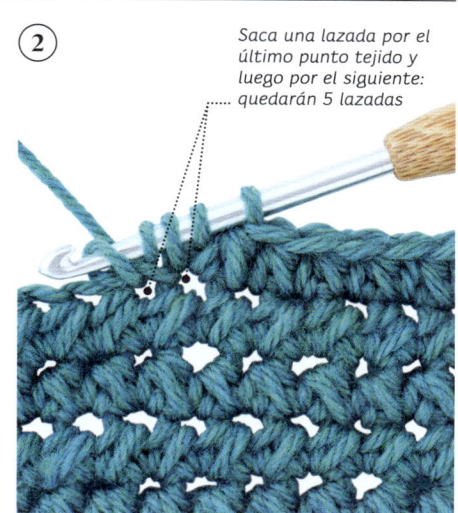

③ Saca el hilo por
las 5 lazadas para
····· completar el punto

Vuelta de base: Echa el hilo (eh), inserta el ganchillo en la tercera cadeneta (c) desde este y saca una lazada: habrá tres lazadas en el ganchillo. Eh, inserta el ganchillo en la sig c y saca una lazada: habrá cinco lazadas en el ganchillo. Eh y sácalo a través de las cinco lazadas, *eh e inserta el ganchillo en el último p tejido (véase abajo), saca una lazada, eh e inserta el ganchillo en la última c tejida (véase abajo), luego saca una lazada, eh e inserta el ganchillo en la c siguiente. Saca una lazada: habrá cinco lazadas en el ganchillo. Eh y sácalo a través de las cinco lazadas; rep desde * hasta el final y gira.

1 **Vuelta 1:** Haz 2 c de vuelta y luego un racimo de tres medios puntos altos (rmpa): *Eh, inserta el ganchillo en el p sig y saca una lazada: tendrás tres lazadas en el ganchillo. Eh, inserta el ganchillo en el p sig y saca una lazada: tendrás cinco lazadas en el ganchillo. Eh y sácalo a través de las cinco lazadas, * eh, inserta de nuevo el ganchillo en el último punto tejido y saca una lazada: tendrás tres lazadas en el ganchillo.*

2 *Eh, inserta el ganchillo en el último punto por tejer y saca una lazada: tendrás cinco lazadas en el ganchillo.*

3 *Eh y sácalo a través de las cinco lazadas. Rep desde * hasta el final,* gira. Rep la vuelta 1 para formar la muestra.

Racimos de puntos altos alineados

NIVEL
Medio

CADENETA BASE
2 (+3)

ASPECTO
Reversible

Vuelta 1: Haz un r2 (véase punto especial) en la cuarta c desde el ganchillo, 1 c, salta 1 c, r2 en la c sig, *1 c, salta 1 c, r2 en la c sig; rep desde * hasta la última c, 1 pa en la última c, gira.
Vuelta 2: 1 c, 1 pb en el primer pa, 2 c, salta el r2, *1 pb en el esp de 1 c, 2 c, salta el r2; rep desde * hasta el último pa, 1 pb en el último pa, gira.
Vuelta 3: 3 c (cuentan como 1 pa), (r3 -véase punto especial-, 1 c) en cada esp de 2 c a lo largo de la vuelta, 1 pa en el último p, gira.
Vuelta 4: 1 c, 1 pb en el primer pa, 2 c, salta el r3, *1 pb en cada esp de 1 c, 2 c, salta el r3; rep desde * hasta el último pa, 1 pb en el último pa, gira.
Vuelta 5: 3 c (cuentan como 1 pa), (r2, 1c) en cada esp de 2 c a lo largo de la vuelta, 1 pa en el último p, gira. Rep las vueltas 2 a 5 para formar la muestra.

Punto especial: racimo de dos puntos altos (r2)

1 Echa el hilo (eh) e inserta el ganchillo en el siguiente punto o espacio, saca una lazada, eh y sácalo por dos lazadas: quedarán 2 lazadas en el ganchillo.

2 Repite el paso 1 en el mismo punto o espacio: quedarán 3 lazadas en el ganchillo. Eh y sácalo por las 3 lazadas.

Punto especial: racimo de tres puntos altos (r3)

Se hace tejiendo 3 puntos altos en un solo punto como para hacer un r2: quedarán 4 lazadas en el ganchillo. Eh y sácalo a través de las 4 lazadas.

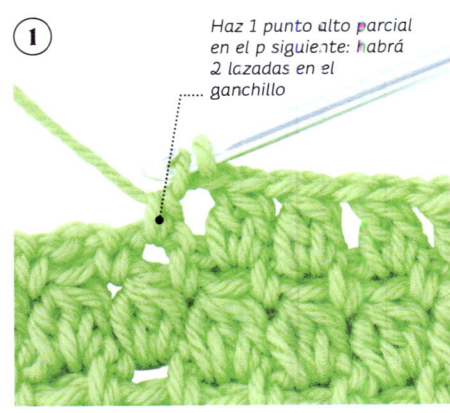

(1) *Haz 1 punto alto parcial en el p siguiente: habrá 2 lazadas en el ganchillo*

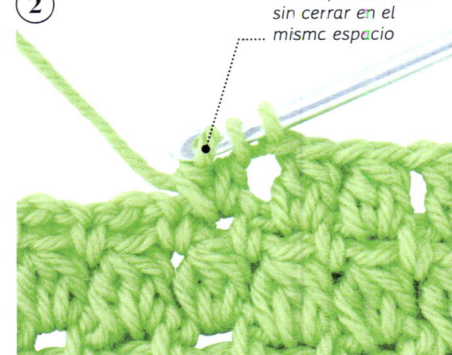

(2) *Haz 2 puntos altos sin cerrar en el mismo espacio*

Racimos de puntos altos espaciados

NIVEL
Medio

CADENETA BASE
2 (+3)

ASPECTO
Reversible

Vuelta 1: 1 r2 (véase punto especial, arriba) en la cuarta c desde el ganchillo, 1 c, salta 1 c, 1 r2 en la c sig, *1 c, salta 1 c, 1 r2 en la c sig; rep desde * hasta el último p, 1 pa en el último p, gira.
Vuelta 2: 4 c (cuentan como 1 pa y 1 c), (r2, 1 c) en cada esp de 1 c a lo largo de la vuelta, 1 pa en el último p, gira.
Vuelta 3: 3 c (cuentan como 1 pa), 1 r2 en el sig esp-c, (1 c, 1 r2) en cada esp de 1 c a lo largo de la vuelta, 1 pa en el último p, gira.
Rep las vueltas 2 y 3 para formar la muestra.

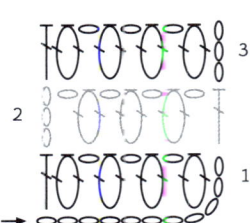

Racimos dobles

NIVEL
Avanzado

CADENETA BASE
3 (+2)

ASPECTO
Reversible

ABREVIATURA
rd

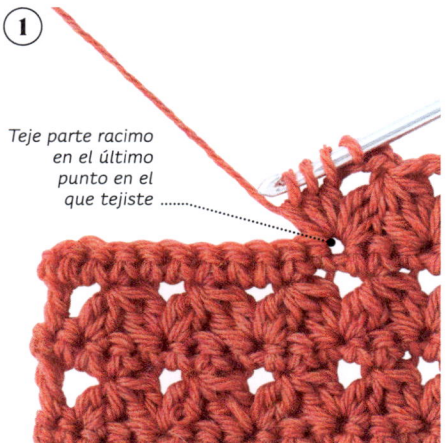

Teje parte racimo en el último punto en el que tejiste ....

7 lazadas: 6 de puntos altos inacabados y ...... la original

Vuelta 1: 1 pb en la segunda c desde el ganchillo y en cada c hasta el final, gira.
Vuelta 2: 4 c (cuentan como 1 pa y 1 c), 1 rd (véase punto especial), empezando por la parte inferior de la c de vuelta, (2 c, 1 rd) hasta el final, 1 c, 1 pa en el último p que acabas de tejer, gira.
Vuelta 3: 1 c, 1 pb en el primer p, 1 pb en el espacio de 1 c, 1 pb en cada rd y 2 pb en cada esp-c hasta la c de vuelta, 1 pb en la tercera c de vuelta, gira. Rep las vueltas 2 y 3 para formar la muestra.

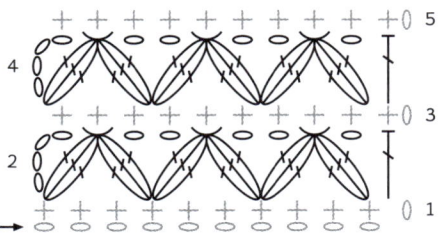

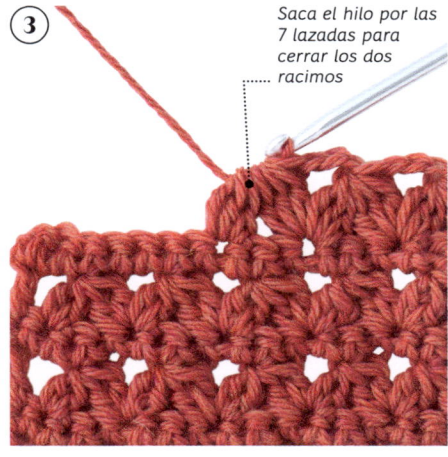

Saca el hilo por las 7 lazadas para cerrar los dos ...... racimos

Punto especial: racimo doble

1 *Echa el hilo (eh) e inserta el ganchillo en el último punto que acabas de tejer, saca una lazada, eh y sácalo por 2 lazadas; repite desde * 3 veces en el mismo punto: quedarán 4 lazadas en el ganchillo.

2 Salta los dos puntos siguientes, *Eh e inserta el ganchillo en punto siguiente, saca una lazada, eh y sácalo por 2 lazadas; repite desde * 3 veces en el punto siguiente: quedarán 7 lazadas en el ganchillo.

3 Eh y saca una lazada por las 7 lazadas del ganchillo.

Punto de madroños

NIVEL
Medio

CADENETA BASE
4 (+5)

ASPECTO
Una sola cara

ABREVIATURA
m

Vuelta 1 (R): 1 mpa en la tercera c desde el ganchillo, 1 mpa en cada c a lo largo de la vuelta, gira.

Vuelta 2 (D): 2 c, 1 pb en el primer p, 1 madroño (véase punto especial) en el p sig, *1 pb en cada uno de los 3 p sig, 1 m en el p sig; rep desde * hasta el último p, 1 pb en el último p, gira.

Vuelta 3 (R): 2 c, 1 mpa en cada p a lo largo de la vuelta, gira.

Vuelta 4: 1 c, 3 pb, 1 m en el p sig, 3 pb, *1 m en el p sig, 3 pb; rep desde * hasta el final, gira.

Vuelta 5: 2 c, 1 mpa en cada p hasta el final, gira.
Repite las vueltas 2 a 5 para formar la muestra.

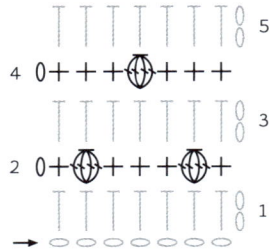

Punto especial: madroño (m)

1 Echa el hilo (eh), inserta el ganchillo en el punto siguiente y saca una lazada: tendrás 3 lazadas en el ganchillo. Echa el hilo y sácalo a través de 2 lazadas: quedarán 2 lazadas en el ganchillo.

2 Repite el paso 1 en el mismo punto 4 veces en total: quedarán 5 lazadas en el ganchillo.

3 Eh y sácalo por las 5 lazadas del ganchillo. El madroño sobresaldrá en el lado opuesto de la labor.

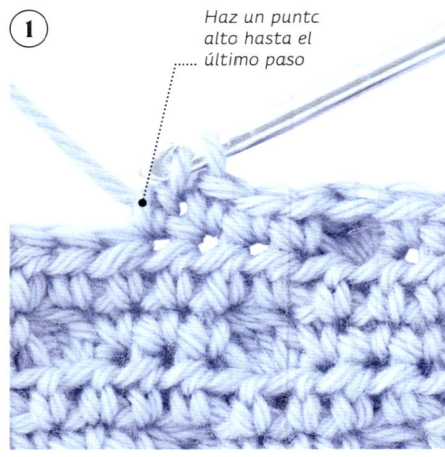

Haz un punto alto hasta el último paso

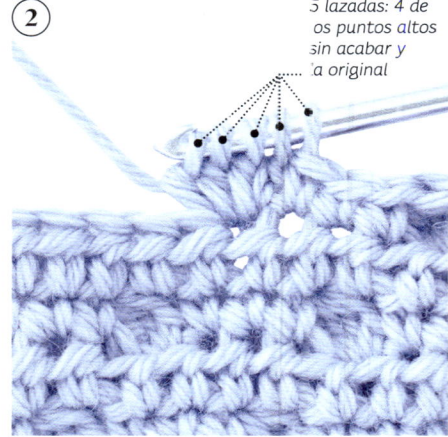

5 lazadas: 4 de los puntos altos sin acabar y la original

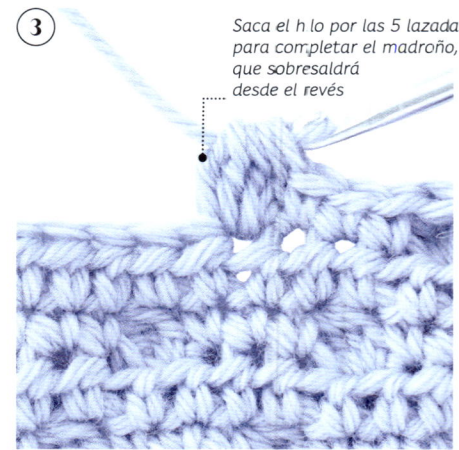

Saca el hilo por las 5 lazadas para completar el madroño, que sobresaldrá desde el revés

Punto de garbanzos

NIVEL
Medio

CADENETA BASE
4 (+5)

ASPECTO
Una sola cara

ABREVIATURA
g

Vuelta 1 (R): 1 mpa en la tercera c desde el ganchillo, 1 mpa en cada c a lo largo de la vuelta, gira.
Vuelta 2 (D): 2 c, 1 mpa en el primer p, 1 garbanzo (véase punto especial) en el p sig, *1 mpa en cada uno de los 3 p sig, 1 g en el p sig; rep desde * hasta el último p, 1 mpa en el último p, gira.
Vuelta 3 (R): 2 c, 1 mpa en cada p hasta el final, gira.
Vuelta 4: 2 c, 3 mpa, 1 g en el p sig, 3 mpa, *1 g en el p sig, 3 mpa; rep desde * hasta el final, gira.
Vuelta 5: 2 c, 1 mpa en cada p hasta el final, gira.
Repite las vueltas 2 a 5 para formar la muestra.

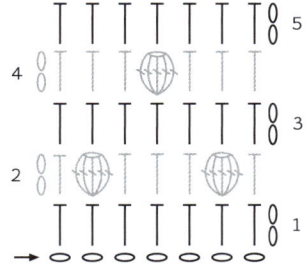

Punto especial: garbanzo (g)

1 Haz 5 puntos altos (pa) en el punto siguiente.

2 Agranda un poco una lazada que queda en el ganchillo. Retira el ganchillo y luego insértalo de nuevo en el primero de los 5 puntos; después pasa la lazada alargada otra vez al ganchillo.

3 Aprieta la lazada alargada, echa el hilo (eh) y sácalo por todo lo que quede en el ganchillo.

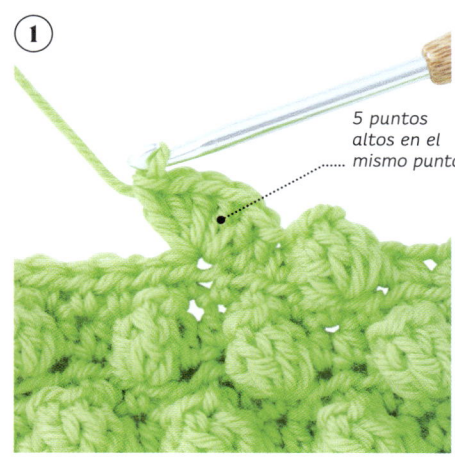

5 puntos altos en el mismo punto

Aprieta la lazada alargada tras pasarla al ganchillo

Saca el hilo por todo lo que haya en el ganchillo para completar el garbanzo

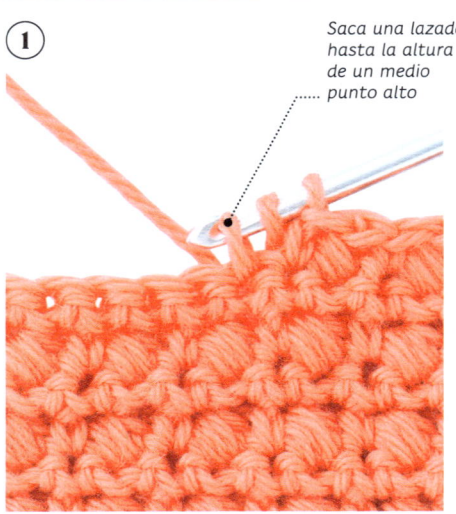

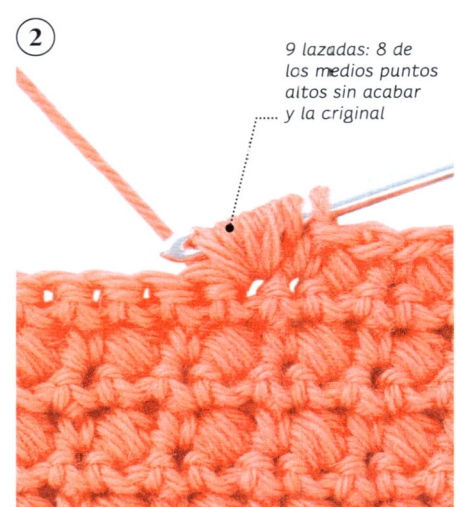

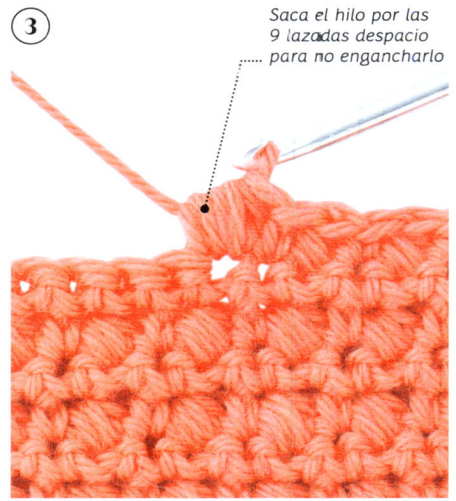

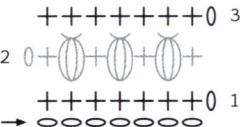

Punto de borlas

NIVEL
Medio

CADENETA BASE
Número impar de puntos
(+1 c de vuelta)

ASPECTO
Reversible

① Saca una lazada hasta la altura de un medio punto alto

② 9 lazadas: 8 de los medios puntos altos sin acabar y la original

③ Saca el hilo por las 9 lazadas despacio para no engancharlo

Vuelta 1: 1 pb en la segunda c desde el ganchillo, 1 pb en cada c a lo largo de la vuelta, gira.
Vuelta 2: 1 c, 1 pb en el primer p, 1 borla (véase punto especial) en el p sig, *1 pb en el p sig; rep desde * hasta el final, gira.
Vuelta 3: 1 c, 1 pb en cada p a lo largo de la vuelta, gira. Repite las vueltas 2 y 3 para formar la muestra.

Punto especial: borla

1 Echa el hilo (eh), inserta el ganchillo en el punto siguiente y saca una lazada estirándola hasta que tenga la altura de un medio punto alto.

2 Repite el paso 1 en el mismo punto 4 veces en total: quedarán 9 lazadas en el ganchillo.

3 Eh y saca una lazada con cuidado por las 9 lazadas para completar la borla.

Punto de moras

NIVEL
Medio

CADENETA BASE
Número de puntos
requerido (impar) y 1 más

ASPECTO
Una sola cara

① Tras sacar una
lazada, haz
1 cadeneta

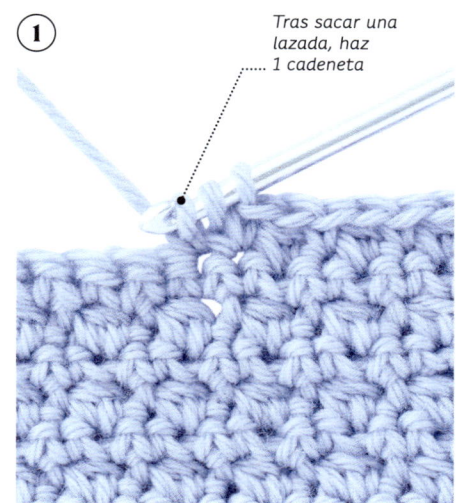

② 5 lazadas en el
ganchillo: 4 de la
mora y la original

Vuelta 1 (D): 1 pb en la 2.ª c desde el ganchillo,
1 pb en cada c a lo largo de la vuelta, gira.
Vuelta 2 (R): 1 c, 1 pb en el primer p, *1 mora
(véase punto especial) en el p sig, 1 pb en el
p sig; rep desde * hasta el final, gira.
Vuelta 3 (D): 1 c, 1 pb en cada p a lo largo de
la vuelta, gira. Repite las vueltas 2 y 3.

③ La mora sobresale
en la otra cara de
la labor

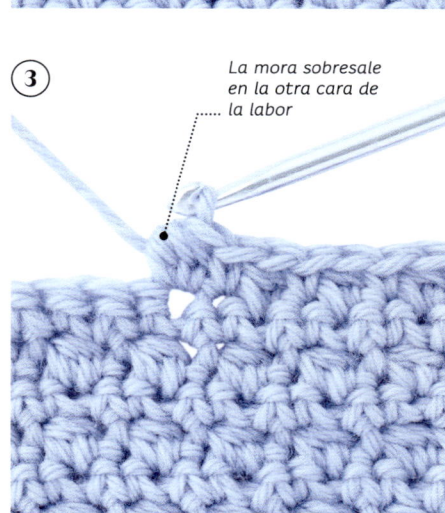

Punto especial: mora

1 Echa el hilo (eh), inserta el ganchillo
   en el punto siguiente y saca una lazada.
   Haz 1 cadeneta: tendrás 3 lazadas en
   el ganchillo.
2 Eh, inserta el ganchillo en el mismo
   punto y saca una lazada: quedarán
   5 lazadas en el ganchillo.
3 Eh y sácalo por las 5 lazadas. La mora
   sobresaldrá por el lado opuesto de la labor.

Punto de carril

NIVEL
Medio

CADENETA BASE
Número impar de puntos
(+ 1 c de vuelta)

ASPECTO
Reversible

Vuelta 1: 1 pb en la segunda c desde el ganchillo, 1 pb en cada c hasta el final, gira.
Vuelta 2: 3 c (cuentan como 1 pa), 1 punto de carril (véase punto especial) en el p sig, (1c, salta el p sig, 1 punto de carril en el p sig) hasta el último p, 1 pa en el último p, gira.
Vuelta 3: 2 c, 1 pb en cada p y esp-c hasta el final, gira. Repite las vueltas 2 y 3 para formar la muestra.

Punto especial: punto de carril

1 Echa el hilo (eh) 5 veces e inserta el ganchillo en el punto siguiente con cuidado para que no se salga ninguna lazada. Eh y saca una lazada a través del punto: quedarán 7 lazadas en el ganchillo.

2 Eh y sácalo por las 7 lazadas para completar un punto de carril. Esta operación debe hacerse despacio y con mucho cuidado.

1 *7 lazadas: saca una lazada por el punto, las 5 vueltas de hilo y la lazada original .*

2 *Pasa suavemente para no enganchar el hilo*

Silla de montar

NIVEL
Medio

CADENETA BASE
5 (+2)

ASPECTO
Reversible

Vuelta 1: 1 pb en la 2.ª c desde el ganchillo, *3 c, (eh, inserta el ganchillo en la c sig, saca lazada, eh y sácalo por 2 lazadas) en cada una de las 4 c sig, eh y sácalo por las 5 lazadas que habrá en el ganchillo, 1 c, 1 pb en el p sig; rep desde * hasta el final, gira.
Vuelta 2: 5 c, 1 pb sobre el primer racimo, * 3 c, 4paj (véase punto especial) en el esp de 3 c, 1 c, 1 pb en el sig racimo; rep desde * hasta el último p, 1 pa en el último p, gira.
Vuelta 3: 1 c, 1 pb sobre el primer racimo, * 3 c, 4paj en el esp de 3 c, 1 c, 1 pb en el sig racimo; rep desde * hasta el último racimo, 1 pb en el esp de 5 c, gira. Repite las vueltas 2 y 3 para formar la muestra.

Punto especial: 4 puntos altos cerrados juntos (4paj)

1 *Echa el hilo (eh), inserta el ganchillo en un espacio de cadeneta (esp-c) y saca una lazada: tendrás 3 lazadas en el ganchillo. Eh y sácalo por 2 lazadas: quedarán 2 lazadas en el ganchillo. Repite desde * 4 veces en total en el mismo esp-c: quedarán 5 lazadas en el ganchillo.

2 Eh y sácalo a través de las 5 lazadas.

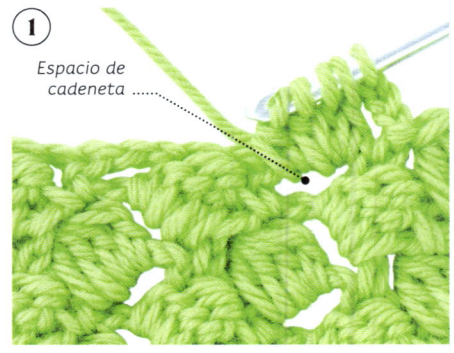

1 *Espacio de cadeneta*

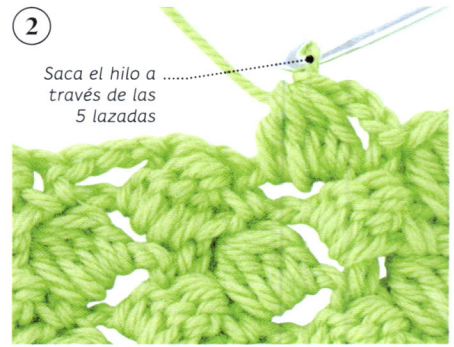

2 *Saca el hilo a través de las 5 lazadas*

Punto de alubia

NIVEL
Medio

CADENETA BASE
Número impar de puntos
(+1 c de vuelta)

ASPECTO
Reversible

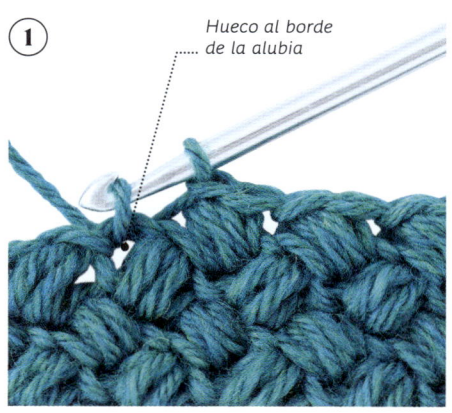

① *Hueco al borde de la alubia*

② *4 lazadas: 3 de la alubia y la original*

Vuelta 1: 1 pb en la segunda c desde el ganchillo, 1 pb en cada c hasta el final, gira.
Vuelta 2: 1 c, 1 pb en el primer p, 1 c, salta el p sig, *1 alubia (véase punto especial) en el p sig, 1 c, salta el p sig; rep desde * hasta el último p, 1 pb en el último p, gira.
Vuelta 3: 1 c, 1 pb en el primer p, 1 c, (1 alubia en el p sig, 1 c) hasta el último p, 1 pb en el último p, gira. Repite la vuelta 3 para formar la muestra.

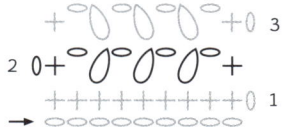

③ *6 lazadas en el ganchillo: 5 de la alubia y la original*

Punto especial: alubia

1 Inserta el ganchillo en el hueco del borde izquierdo del último punto y saca una lazada: tendrás 2 lazadas en el ganchillo.

2 Echa el hilo (eh) e inserta el ganchillo en el mismo punto. Saca una lazada: tendrás 4 lazadas en el ganchillo.

3 Repite el paso 2 una vez más: quedarán 6 lazadas en el ganchillo.

4 Eh y sácalo a través de las 6 lazadas.

④ *Saca el hilo por las 6 lazadas para completar el punto*

Abanicos
y conchas

Los abanicos y las conchas, y sus variantes, son grupos de muchos puntos, casi siempre puntos altos, que se tejen sobre un solo punto y se despliegan creando formas onduladas. Tanto un abanico como una concha pueden estar compuestos por distinto número o distintas combinaciones de puntos, así que no des por hecho que se tejen siempre igual. Consulta el apartado de los puntos especiales, ya que allí se explica cómo se hacen en cada caso. Estos grupos pueden contarse como un solo punto, cuando sobre ellos solo se teje en el punto central. Sin embargo, a veces todos los puntos de una concha se cuentan como tales, así que echa una ojeada a las instrucciones.

Las conchas pueden disponerse en todo el tejido, pero quedan especialmente bien en los bordes, donde las ondas que forman constituyen un bonito detalle de acabado para cualquier labor.

Abanicos rectos

NIVEL
Medio

CADENETA BASE
4 (+3)

ASPECTO
Reversible, aunque el
motivo se ve mejor
por el derecho (D)

Vuelta 1 (R): 1 pb en la segunda c desde el ganchillo, 1 pb en cada c hasta el final, gira.
Vuelta 2 (D): 3 c (cuentan como 1 pa), salta 1 p, 1 abanico (véase punto especial) en el p sig, (salta 3 p, 1 abanico en el p sig) hasta los 3 últimos p, 1 pa en el último p, gira.
Vuelta 3 (R): 1 c, 1 pb en cada pa hasta el final, gira.
Vuelta 4 (D): 3 c (cuentan como 1 pa), 2 pa en el p sig, *salta 3 p, 1 abanico en el p sig; rep desde * hasta los 4 últimos p, salta 3 p, 3 pa en el último p, gira.
Vuelta 5 (R): 1 c, 1 pb en cada pa hasta el final, gira.
Repite las vueltas 2 a 5 para formar la muestra.

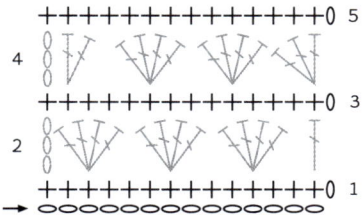

Punto especial: abanico

1 Haz 1 punto alto (pa) en el punto siguiente.

2 Teje otros 3 pa en el mismo punto.

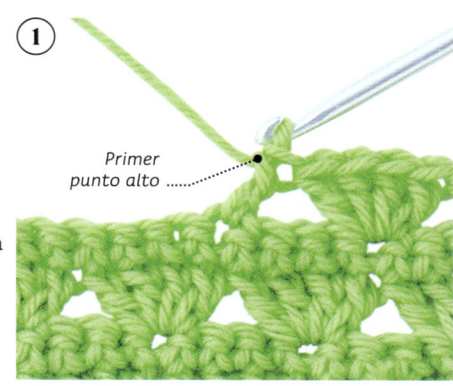

① *Primer punto alto*

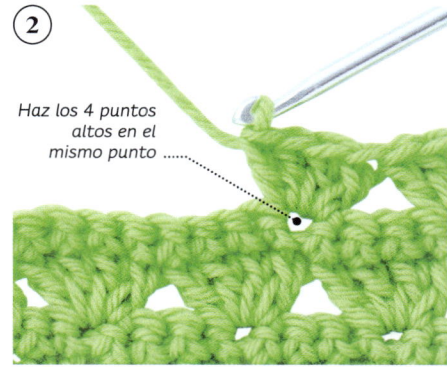

② *Haz los 4 puntos altos en el mismo punto*

Abanicos y puntos en V

NIVEL
Fácil

CADENETA BASE
Múltiplo de 6 p y 2 p más

ASPECTO
Reversible

Vuelta 1: 1 pb en la segunda c desde el ganchillo, 1 pb en cada c hasta el final, gira.
Vuelta 2: 3 c (cuentan como 1 pa en todas las vueltas), 1 pa en el p sig, salta el p sig, 1 p en V (véase punto especial) en el p sig, *salta los 2 p sig, 1 abanico (véase punto especial) en el p sig, salta los 2 p sig, 1 p en V en el p sig; rep desde * hasta los 3 últimos p, salta el p sig, 1 pa en cada uno de los 2 p rest, gira.
Vuelta 3: 3 c, 1 pa en el p sig, 1 abanico en el p en V sig, *1 p en V en el abanico sig, 1 abanico en el p en V sig; rep desde * hasta los 2 últimos p, 1 pa en cada uno de los 2 p rest, gira.
Vuelta 4: 3 c, 1 pa en el p sig, 1 p en V en el abanico sig, *1 abanico en el p en V sig, 1 p en V en el abanico sig; rep desde * hasta los 2 últimos p, 1 pa en cada uno de los 2 p rest, gira. Repite las vueltas 2 a 5 para formar la muestra.

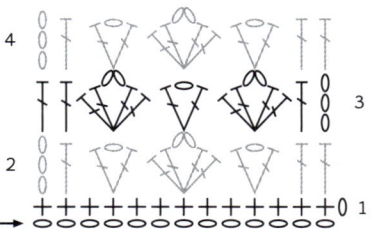

Puntos especiales

Punto en V: Teje 1 pa, 2 c y 1 pa en el p siguiente. (Para tejer sobre un punto en V pasa el ganchillo por el espacio de las 2 cadenetas).

Abanico: Teje 2 pa, 1 c y 2 pa en el p siguiente. (Para tejer sobre un abanico pasa el ganchillo por el espacio de la cadeneta).

Punto de conchas cerrado

NIVEL
Medio

CADENETA BASE
6 (+2)

ASPECTO
Reversible

Vuelta 1: 1 pb en la segunda c desde el ganchillo, *salta 2 c, 5 pa (concha, véase punto especial) en la c sig, salta 2 c, 1 pb en la c sig: rep desde * hasta el final, gira.
Vuelta 2: 3 c (cuentan como 1 pa), 2 pa en el primer pb, * salta los 2 primeros pa de la concha sig, 1 pb en el pa central de la concha, 1 concha en el pb sig; rep desde * a lo largo de la vuelta, acabando con 3 pa en el pb final, gira.
Vuelta 3: 1 c, 1 pb en el primer pa, 1 concha en el pb sig, *1 pb en la concha sig, 1 concha en el pb sig; rep desde * a lo largo de la vuelta, acabando con 1 pb en el último p, gira. Repite las vueltas 2 y 3.

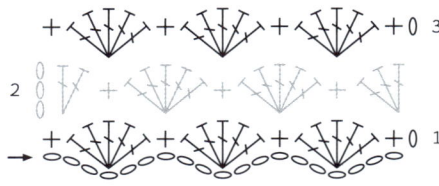

Punto especial: concha

1 Teje 5 puntos altos (pa) en el punto bajo (pb) siguiente.

2 Al trabajar sobre una concha en la vuelta siguiente, teje el punto indicado (en este caso un pb) en el punto alto central, es decir, el tercero de los cinco de la concha.

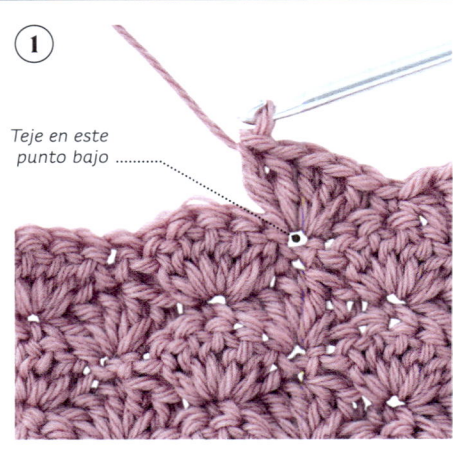

Teje en este punto bajo

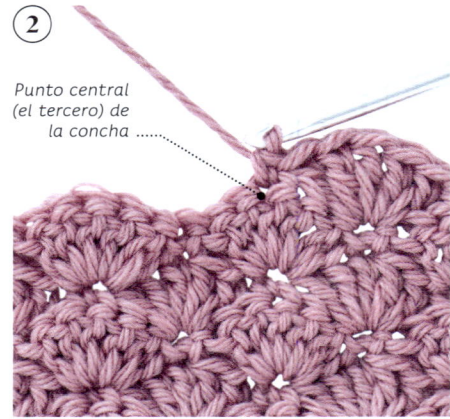

Punto central (el tercero) de la concha

Punto de conchas calado

NIVEL
Medio

CADENETA BASE
6 (+2)

ASPECTO
Reversible, pero el motivo se ve mejor por el D

Vuelta 1 (D): 1 pb en la segunda c desde el ganchillo, *salta 2 c, 5 pa (concha) en la c sig, salta 2 c, 1 pb en la c sig: rep desde * hasta el final, gira.
Vuelta 2 (R): 5 c (cuentan como 1 pa y 2 c), 1 pb en el centro de la concha sig, 2 c, *1 pa en el pb, 2 c, 1 pb en la concha sig, 2 c; rep desde * a lo largo de la vuelta, acabando con 1 pa en el pb final, gira.
Vuelta 3: 1 c, 1 pb en el primer pa, 1 concha en el pb sig, *1 pb en el pa sig, 1 concha en el pb sig; rep desde * a lo largo de la vuelta, acabando con 1 pb en la tercera c de vuelta, gira.
Repite las vueltas 2 y 3 para formar la muestra.

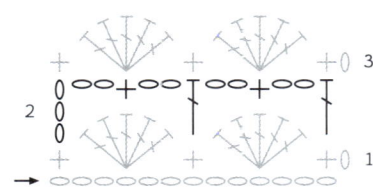

Punto de fresas

NIVEL
Avanzado

CADENETA BASE
3 (+1)

ASPECTO
Una sola cara

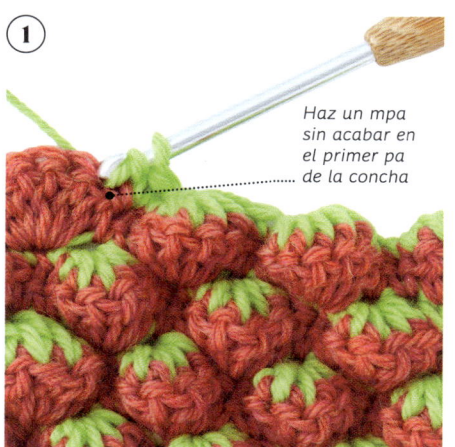

Haz un mpa sin acabar en el primer pa de la concha

11 lazadas en: 2 por cada punto alto de la concha más la original

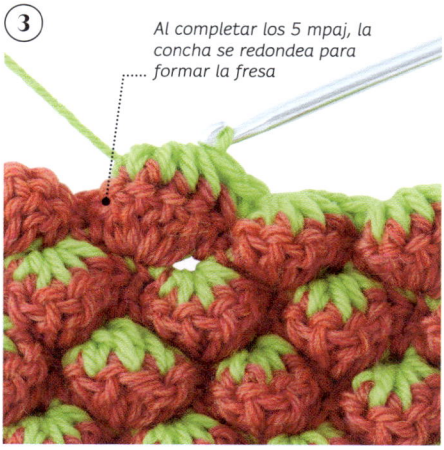

Al completar los 5 mpaj, la concha se redondea para formar la fresa

Vuelta 1 (D): Con el color principal (CP), 1 pb en la segunda c desde el ganchillo y en cada c hasta el final, gira.

Vuelta 2 (R): 1 c, 1 pb en el primer p, *5 pa en el sig p (concha), 1 pb en cada uno de los 2 p sig; rep desde * hasta los últimos 2 p, 1 concha en el p sig, 1 pb en el último p, gira.

Vuelta 3: Con el color de contraste (CC), 1 c, 1 pb en el primer p, *5mpaj (véase punto especial), 1 pb en cada uno de los 2 p sig; rep desde * hasta la última concha, 5mpaj sobre los 5 p sig, 1 pb en el último p, gira.

Vuelta 4: Con el CP, 1 c, 1 pb en el primer p, 1 pb en p sig, *1 concha en el p sig, 1 pb en cada uno de los 2 p sig; rep desde * hasta el último, 1 pb en el último p, gira.

Vuelta 5: Con el CC, 1 c, 1 pb en el primer p, 1 pb en los 2 p sig, *5 mpaj, 1 pb en cada uno de los 2 p sig; rep desde * hasta el final, gira. Repite las vueltas 2 a 5.

Punto especial: 5 medios puntos altos cerrados juntos (5mpaj)

1. Echa el hilo (eh) e inserta el ganchillo en el primer punto alto (pa) de la concha y saca una lazada: quedarán 3 lazadas en el ganchillo.

2. Repite el paso 1 en cada uno de los siguientes puntos altos (pa) de la concha: quedarán 11 lazadas en el ganchillo.

3. Eh y sácalo a través de las 11 lazadas para completar los 5mpaj.

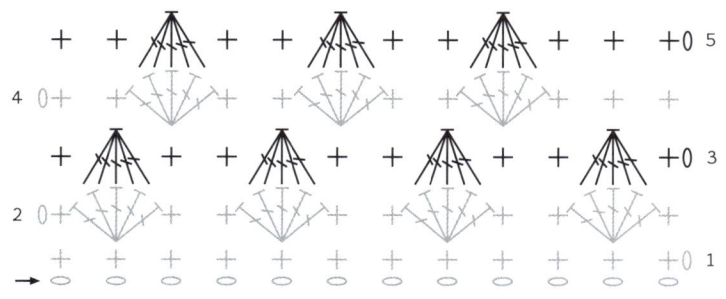

Punto Trinidad

NIVEL
Medio

CADENETA BASE
Número impar de puntos
(+1 c de vuelta)

ASPECTO
Reversible

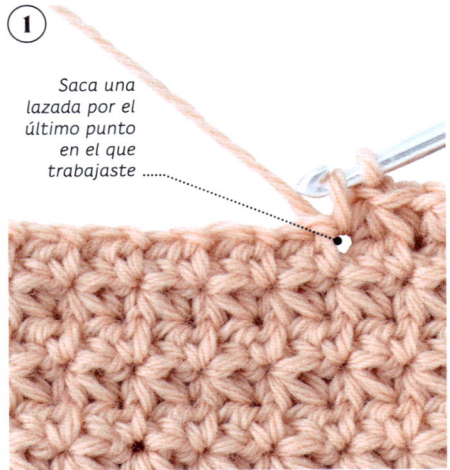

①

Saca una lazada por el último punto en el que trabajaste ......

②

4 lazadas: la lazada original, la sacada a través del último punto y 1 por cada uno de los 2 puntos siguientes

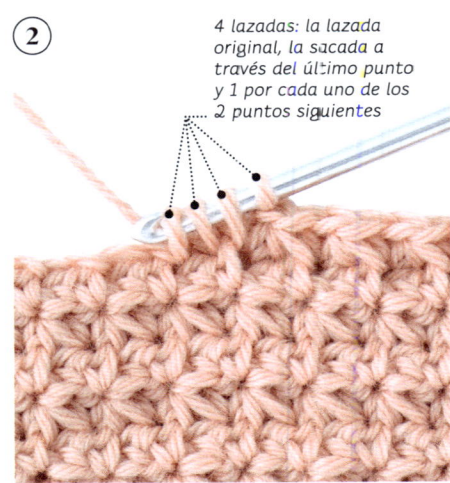

③

Saca el hilo por las 4 lazadas para completar el punto

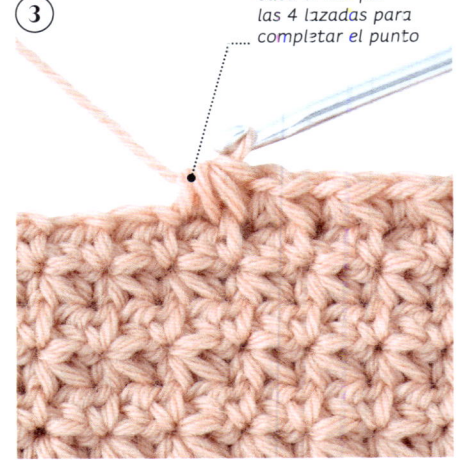

Vuelta de base: Haz 1 punto bajo (pb) en la segunda cadeneta (c) desde el ganchillo, inserta este en la c que acabas de hacer y saca una lazada, inserta el ganchillo en la c sig y saca una lazada, 2 veces: tendrás 4 lazadas en el ganchillo. Eh y sácalo por las 4 lazadas, 1 c, *inserta el ganchillo en la c que acabas de hacer y saca una lazada, inserta el ganchillo en cada una de las 2 c sig y saca una lazada por cada una de ellas: tendrás 4 lazadas en el ganchillo. Eh y sácalo por las 4 lazadas, 1 c; rep desde * hasta el final, haz 1 c más en el último p de la vuelta y gira.

1 **Vuelta 1:** Haz 1 c de vuelta y 1 pb en el primer punto antes de empezar a tejer el punto Trinidad: *inserta el ganchillo en el punto que acabas de tejer y saca una lazada.

2 Luego saca una lazada en cada uno de los 2 puntos siguientes: habrá 4 lazadas en el ganchillo.

3 Echa el hilo (eh) y sácalo a través de las 4 lazadas a la vez. Haz 1 c; repite desde * hasta el final, tejiendo a punto Trinidad hasta el último p y terminando con 1 pb en el último p tejido, gira. Repite la vuelta 1 para formar la muestra.

Punto de margarita

NIVEL
Avanzado

CADENETA BASE
Número impar de puntos
(+1 c de vuelta)

ASPECTO
Reversible

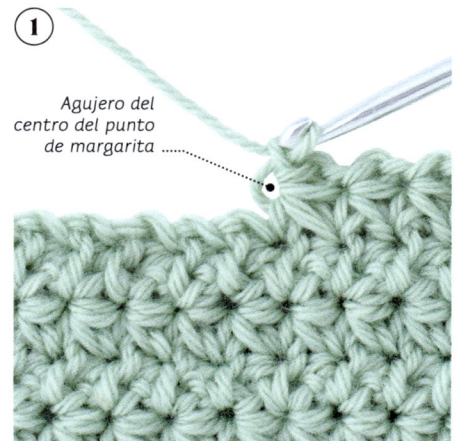

Agujero del centro del punto de margarita ......

2 lazadas en el ganchillo

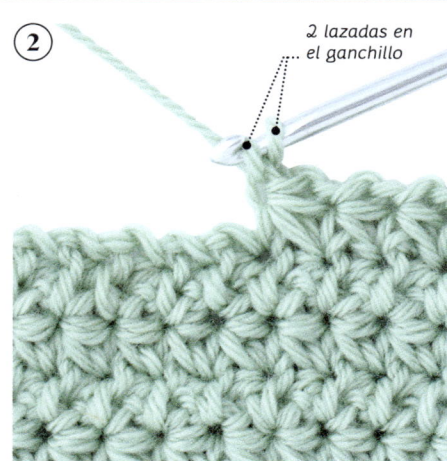

Saca la siguiente lazada a través del último punto hecho ......

Saca la lazada final por el siguiente punto por tejer: tendrás 4 lazadas

Vuelta de base: 1 punto bajo (pb) en la segunda cadeneta (c) desde el ganchillo y en cada c hasta el final de la vuelta, gira.

1 Vuelta 1: Haz 2 c de vuelta, inserta el ganchillo y saca una lazada por la segunda cadeneta desde el ganchillo. Luego saca una lazada a través del primer punto de la vuelta y otra por el punto siguiente: tendrás 4 lazadas en el ganchillo. Echa el hilo (eh) y sácalo a través de todas las lazadas para empezar a tejer el primer punto de margarita. *Haz 1 c.*

2 *Inserta el ganchillo en el agujero del centro de la margarita que acabas de hacer y saca una lazada.*

3 *Vuelve a insertar el ganchillo en el punto que acabas de hacer y saca una lazada: tendrás 3 lazadas en el ganchillo.*

4 *Inserta el ganchillo en el siguiente punto sin hacer y saca una lazada: tendrás 4 lazadas en el ganchillo. Eh y sácalo a través de las 4 lazadas del ganchillo para completar la margarita. Repite desde * hasta el final de la vuelta, terminando la última margarita insertando el ganchillo en la c de vuelta para sacar la última lazada. Haz 1 c para cerrar el último punto de margarita y gira. Repite la vuelta 1 para formar la muestra.*

Punto de estrella

NIVEL
Medio

CADENETA BASE
Número impar de puntos
(+1 c de vuelta)

ASPECTO
Una sola cara

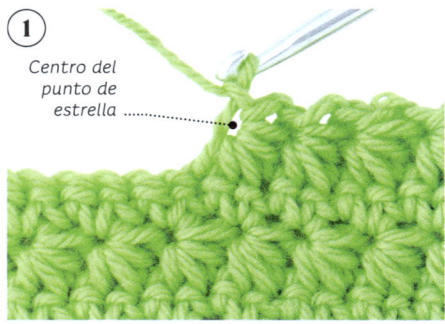

Centro del punto de estrella ···········

Saca una lazada por el centro de la estrella: 2 lazadas en el ganchillo ·······

Vuelta de base (R): 1 punto bajo (pb) en la segunda cadeneta (c) desde el ganchillo y en cada c hasta el final de la vuelta, gira.

1 Vuelta 1 (D): Haz 3 c de vuelta, inserta el ganchillo y saca una lazada por la segunda cadeneta desde el ganchillo, luego por la tercera y después por cada uno de los 3 primeros pb: tendrás 6 lazadas en el ganchillo. Echa el hilo (eh) y sácalo a través de las 6 lazadas del ganchillo.

2 Empieza a tejer el primer punto de estrella: *Haz 1 c. Saca una lazada por el centro de la estrella que acabas de hacer: tendrás 2 lazadas en el ganchillo.*

3 *Inserta el ganchillo por debajo de las dos hebras de la «pata» izquierda de la última estrella hecha y saca una lazada: tendrás 3 lazadas en el ganchillo.*

4 *Vuelve a insertar el ganchillo en el último punto hecho y saca una lazada: tendrás 4 lazadas en el ganchillo.*

5 *Inserta el ganchillo en los dos puntos siguientes de uno en uno y saca una lazada a través de cada uno: tendrás 6 lazadas en el ganchillo. Eh y sácalo a través de las 6 lazadas a la vez para completar el punto de estrella. Repite desde * hasta el final de la vuelta. Haz 1 c y luego 1 mpa en el último punto tejido, y gira.* **Vuelta 2 (R):** Haz 1 c, 1 pb en cada punto de estrella y 1 c hasta el final y gira. Repite las vueltas 1 y 2 para formar la muestra.

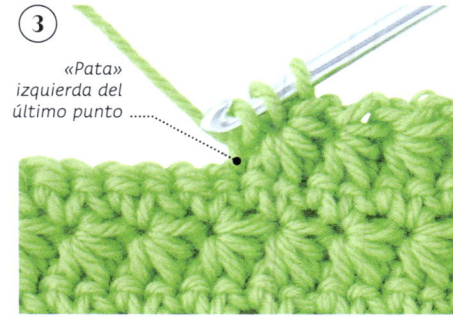

«Pata» izquierda del último punto ·······

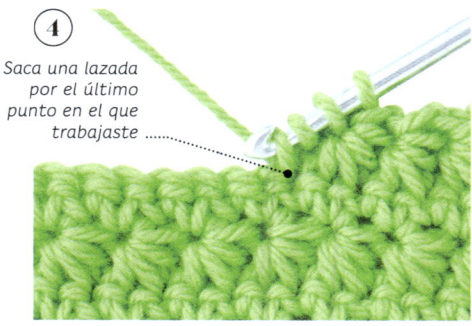

Saca una lazada por el último punto en el que trabajaste ·······

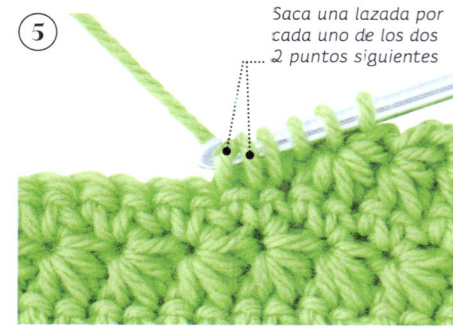

Saca una lazada por cada uno de los dos 2 puntos siguientes

Punto de margarita grande

NIVEL
Medio

CADENETA BASE
Número impar de puntos
(+1 c de vuelta)

ASPECTO
Reversible

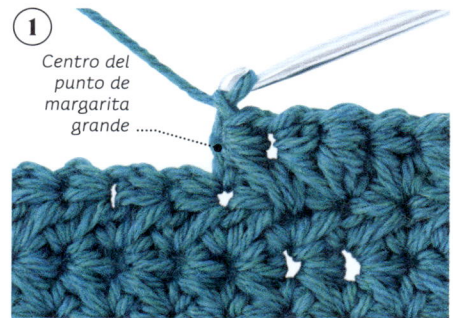

Centro del punto de margarita grande .....

Eh y sácalo por el centro del punto .....

Eh y sácalo por el último punto en el que trabajaste .....

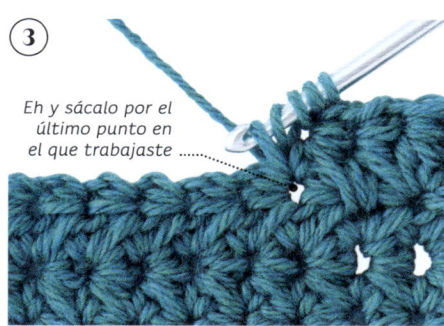

7 lazadas en el ganchillo

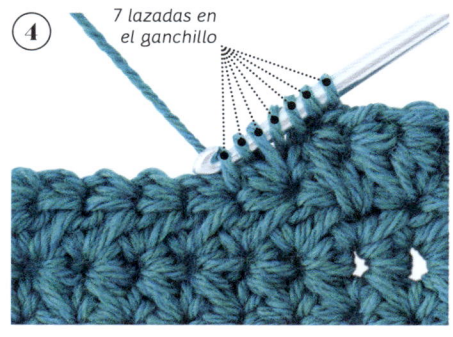

Saca una lazada final por las 7 lazadas a la vez .....

Vuelta de base: 1 punto bajo (pb) en la segunda cadeneta (c) desde el ganchillo y en cada c hasta el final de la vuelta, gira.

1 **Vuelta 1:** Haz 2 c de vuelta. Echa el hilo (eh), inserta el ganchillo en la segunda c desde este y saca una lazada. Eh y saca una lazada a través del primer punto de la vuelta. Eh y saca una lazada por el punto siguiente: tendrás 7 lazadas en el ganchillo. Eh y sácalo a través de las 7 lazadas del ganchillo. Ya puedes empezar a hacer el primer punto de margarita grande: *Haz 1 c.

2 *Eh, inserta el ganchillo en el agujero del punto que acabas de hacer y saca una lazada: tendrás 3 lazadas en el ganchillo.*

3 *Eh, vuelve a insertar el ganchillo en el último punto en el que acabas de trabajar y saca una lazada: tendrás 5 lazadas en el ganchillo.*

4 *Eh, inserta el ganchillo en el siguiente punto y saca una lazada: tendrás 7 lazadas en el ganchillo.*

5 *Eh y sácalo a través de las 7 lazadas del ganchillo para completar la margarita grande. Repite desde * hasta el final de la vuelta, terminando la última margarita insertando el ganchillo en la c de vuelta para sacar la última lazada. Haz 1 c para cerrar el último punto y gira. Repite la vuelta 1 para formar la muestra.*

Punto de abanicos

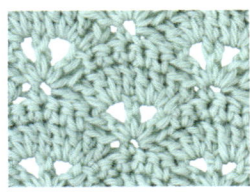

NIVEL
Medio

CADENETA BASE
Múltiplo de 12 p y 6 p más

ASPECTO
Los abanicos destacan
más por el D

Vuelta de base (R): 1 pa en la 6.ª c desde el ganchillo, salta 3 c, 1 pb en cada una de las 5 c sig, salta 3 c, *abanico 1 (véase punto especial) en la c sig, salta 3 c, 1 pb en cada una de las 5 c sig, salta 3 c; rep desde * hasta la última c, (1 pa, 2 c, 1 pa) en la última c, gira.

Vuelta 2 (D): 3 c (1 pa), 3 pa en el primer esp-c, 1 pa en el pa sig, salta 2 p, 1 pb, salta 2 p, *abanico 2 (véase punto especial), salta 2 p, 1 pb, salta 2 p: rep desde *, acabando con 1 pa en el último pa, 3 pa en el esp-c, 1 pa en la 3.ª c de la c de vuelta, gira.

Vuelta 3: 1 c, 1 pb en cada uno de los 3 primeros p, salta 2 p, abanico 1 en el p sig, *salta 2 pa, 1 pb en cada uno de los 5 p centrales del sig grupo de 9 pa, salta 2 pa, abanico 1 en el pb sig, salta 2 pa; rep desde * hasta los 3 últimos p, 1 pb en cada uno de los 3 últimos p, gira.

Vuelta 4: 1 c, 1 pb en el primer p, abanico 2, *salta 2 p, 1 pb, salta 2 p, abanico 2; rep desde * hasta los 3 últimos p, salta 2 p, 1 pb en el último p, gira.

Vuelta 5: 5 c (cuentan como 1 pa y 2 c), 1 pa en el primer p, salta 2 p, 1 pb en cada uno de los 5 pa centrales del sig grupo de 9 pa, salta 2 pa, *abanico 1 en el pb sig, salta 2 pa, 1 pb en cada uno de los 5 pa centrales del sig grupo de 9 pa, salta 2 pa; rep desde * hasta el último p, (1 pa, 2 c, 1 pa) en el p sig, gira. Rep las vueltas 2 a 5.

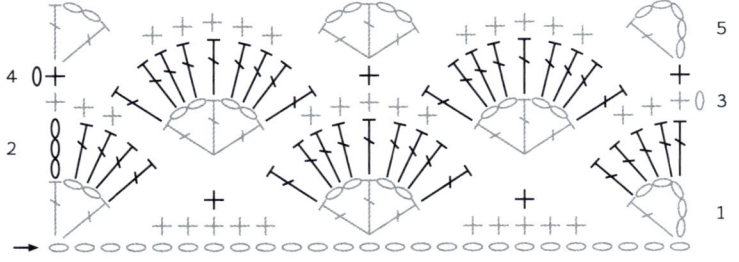

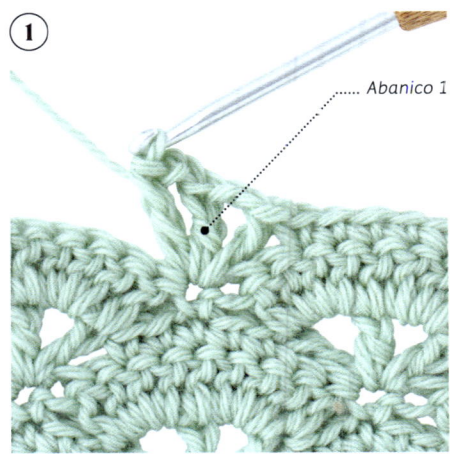

····· Abanico 1

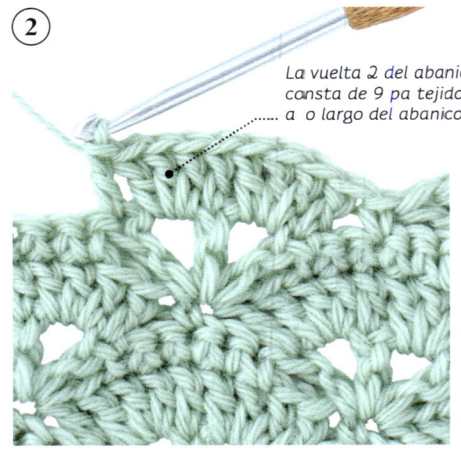

La vuelta 2 del abanico consta de 9 pa tejidos ····· *a o largo del abanico 1*

Punto especial: abanico

1 **Vuelta 1 del abanico (abanico 1):** Haz 1 punto alto (pa), luego 2 cadenetas (c), 1 pa, 2 c y finalmente 1 pa, todo ello en el punto siguiente. La vuelta 1 del abanico completa consta de 3 pa y 2 espacios de cadeneta (esp-c) hechos en el mismo punto.

2 **Vuelta 2 del abanico (abanico 2):** Al llegar al abanico de la vuelta anterior, teje 1 pa en el primer pa del abanico. *Haz 3 pa en el sig esp-c, insertando el ganchillo por debajo de la c, y luego 1 pa en el sig pa; rep desde * para completar el abanico.

Rueda de Santa Catalina

NIVEL
Medio

CADENETA BASE
10 (+7)

ASPECTO
Reversible

Vuelta 1: 1 pb en la 2.ª c desde el ganchillo, 1 pb en la c sig, *salta 3 c, 7 pa en la sig c (una concha), salta 3 c, 3 pb; rep desde * hasta las 4 últimas c, salta 3 c, 4 pa en la última c, gira.
Vuelta 2: 1 c, 2 pb, *3 c, 7 paj (véase punto especial), 3 c, 3 pb (estos serían los 3 pa centrales de la concha de la vuelta 1); rep desde * hasta los 4 últimos p, 3 c, 4paj, gira.
Vuelta 3: 3 c (cuenta como 1 pa), 3 pa en el primer p, *salta 3 c, 3 pb, salta 3 c, 1 concha en los 7paj; rep desde * los 2 últimos p, 1 pb en cada uno de los 2 últimos p, gira.
Vuelta 4: 3 c, 1 pa en el mismo p, 3paj, *3 c, 3 pb (estos serían los 3 pa centrales de la concha), 3 c, 7paj; rep desde * hasta los 2 últimos p, 3 c, 1 pb en cada uno de los 3 últimos p, gira.
Vuelta 5: 1 c, 2 pb, *salta 3 c, 1 concha en los 7 paj, salta 3 c, 3 pb; rep desde * hasta el último p, 4 pa en el último p, gira. Rep las vueltas 2 a 5.

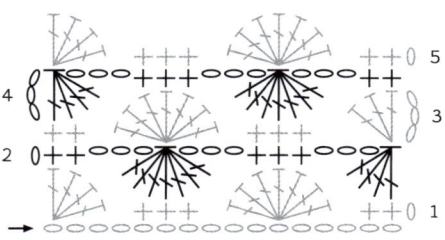

Punto especial: 7 puntos altos cerrados juntos (7paj)

1 Echa el hilo (eh) e inserta el ganchillo en el siguiente punto. Saca una lazada, *eh y sácalo a través de 2 lazadas; quedarán 2 lazadas en el ganchillo. Repite desde * 7 veces, a lo largo de 7 puntos. Eh.

2 Saca el hilo por las 8 lazadas del ganchillo.

3 Al tejer sobre los 7paj en la vuelta siguiente, haz la concha justo encima para completar un círculo.

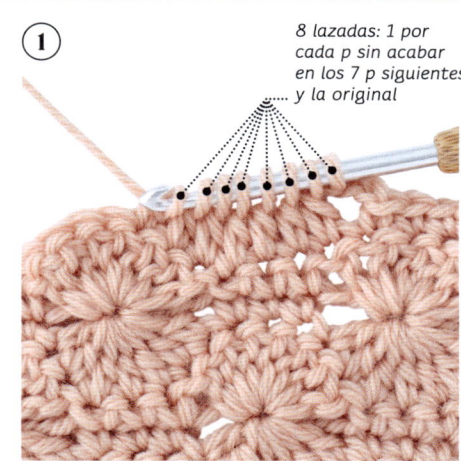

1

8 lazadas: 1 por cada p sin acabar en los 7 p siguientes y la original

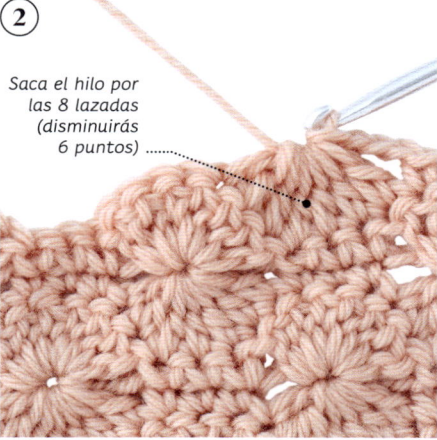

2

Saca el hilo por las 8 lazadas (disminuirás 6 puntos)

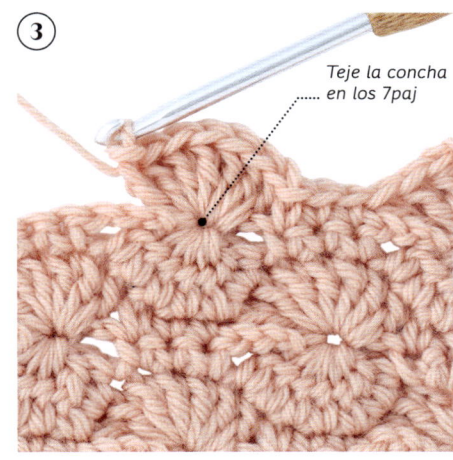

3

Teje la concha en los 7paj

Punto de jazmín

NIVEL
Medio

CADENETA BASE
2 cadenetas

ASPECTO
Reversible

Vuelta de base: 2 c, 1 pp (véase punto especial) en la segunda c desde el ganchillo, (1 c, 1 pp sobre el último pétalo) hasta tener el número de pétalos deseado y un pétalo más.

Vuelta 1: Haz 1 pp en el primer punto y racimos de pétalos (rpp, véase punto especial) a lo largo de toda la vuelta hasta haber tejido en todos los espacios de pétalos, gira.

Repite la vuelta 1 para formar la muestra.

Punto especial: punto de pétalo (pp)

Sigue los pasos 1 y 2 del racimo de pétalos (abajo). Pinza el hilo de trabajo con la mano izquierda, eh y sácalo por las 5 azadas, luego inserta el ganchillo en la azada hecha pinzando el hilo y teje 1 pb en esta para cerrar.

Punto especial: racimo de pétalos (rpp)

1 Estira hacia arriba la lazada del ganchillo para agrandarla.

2 *Eh, inserta el ganchillo en el centro del último punto y saca una lazada hasta la altura de la lazada alargada; rep desde *dos veces en el mismo sitio: quedarán 5 lazadas en el ganchillo.

3 *Eh, inserta el ganchillo en el centro del p siguiente de la vuelta de abajo y saca una lazada hasta la altura de las otras; rep desde *dos veces en el mismo sitio: quedarán 9 lazadas en el ganchillo.

4 Rep el paso 3 en el centro del p sig: quedarán 13 lazadas en el ganchillo.

5 Pinzando el hilo de trabajo con la mano izquierda, eh y sácalo por las 13 lazadas.

6 Inserta el ganchillo en la lazada hecha pinzando el hilo y haz 1 pb en esta para cerrar el grupo.

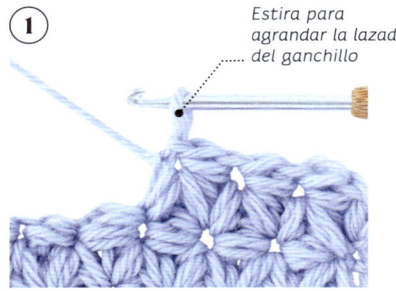

Estira para agrandar la lazada del ganchillo

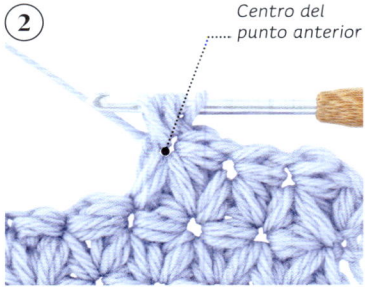

Centro del punto anterior

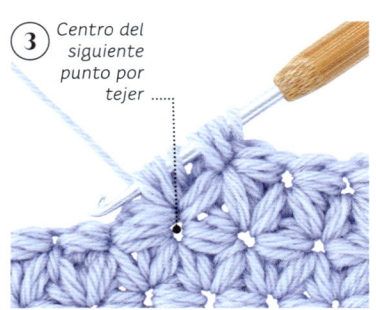

Centro del siguiente punto por tejer

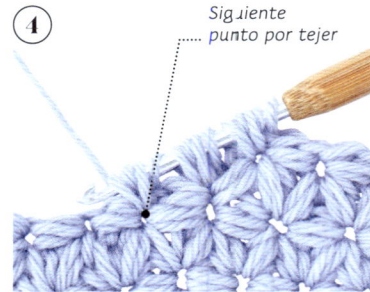

Siguiente punto por tejer

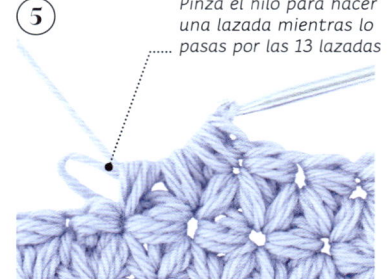

Pinza el hilo para hacer una lazada mientras lo pasas por las 13 lazadas

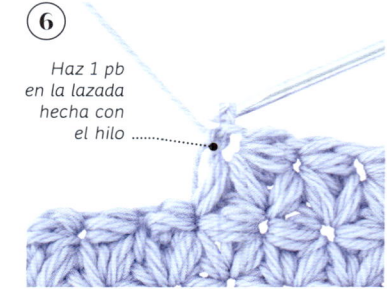

Haz 1 pb en la lazada hecha con el hilo

Punto de cocodrilo

NIVEL
Avanzado

CADENETA BASE
6 (+3)

ASPECTO
El motivo solo se ve
por el derecho (D)

Vuelta de base (D): 1 punto alto (pa) en la 4.ª cadeneta (c) desde el ganchillo, 2 c, *salta 2 c, 2 pa en la c sig, 2 c, rep desde * hasta la última c, 1 pa en el último p. **No** gires.
Vuelta 1: Con el D frente a ti, haz 1 c, luego gira 90 grados y teje a punto de cocodrilo (véase punto especial) hasta el final, haciendo el último pb encima de la c de vuelta del R, gira.
Vuelta 2 (D): 5 c (cuentan como 1 pa y 2 c), 2 pa entre 2 pa de 2 vueltas más abajo, *2 c, 2 pa en el pb sig, 2 c, 2 pa entre 2 pa de 2 vueltas más abajo (véase punto especial): repite desde * hasta los 2 últimos pa, 2 c, 1 pa en el primer pa de punto de cocodrilo, no gires. Repite las vueltas 1 y 2.

Punto especial: punto de cocodrilo

1 Gira la labor 90 grados para poder trabajar alrededor de la columna del siguiente punto alto (pa). Teje 5 pa en torno a la columna de ese punto, insertando el ganchillo en el espacio entre los 2 pa siguientes, y haz 1 c.

2 Gira la labor 180 grados para trabajar alrededor del pa contiguo al anterior y teje 5 pa en torno a la columna de ese punto, como antes.

3 Da la vuelta a la labor para trabajar por el revés (R) y haz 1 punto bajo (pb) entre los 2 pa siguientes: así completarás un punto de cocodrilo, o escama. Vuelve del derecho (D) la labor para empezar el siguiente punto de cocodrilo.

4 Para tejer sobre este punto en las vueltas siguientes, inserta los 2 pa entre 2 pa de 2 vueltas más abajo, que estarán en el centro del punto de cocodrilo.

Trabaja
alrededor de
la columna
.... del punto

Gira la pieza
180 grados
para trabajar
en torno al
punto ......

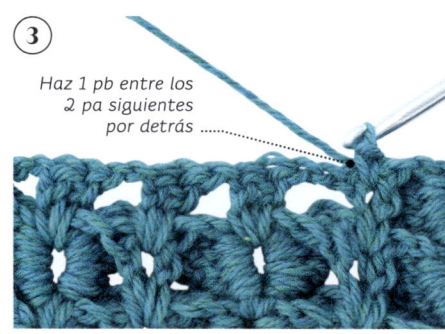

Haz 1 pb entre los
2 pa siguientes
por detrás ......

Teje en el centro del punto
de cocodrilo de la vuelta
inferior, entre los 2 pa de
2 vueltas más abajo ......

Encaje de conchas

NIVEL
Medio

CADENETA BASE
Múltiplo de 6 puntos
y 2 puntos más

ASPECTO
Reversible, pero el motivo
luce más por el derecho

Vuelta 1 (D): 1 pb en la segunda c desde el ganchillo, *salta 2 c, 1 concha (véase punto especial) en la c sig, salta 2 c, 1 pb en la c sig; rep desde * hasta el final, gira.

Vuelta 2: 6 c (cuentan como 1 pa y 3 c), salta los 2 primeros pa de la concha, 1 pb en cada uno de los 3 pa centrales de la concha, * 5 c, salta los 2 primeros pa de la concha, 1 pb en cada uno de los 3 pa centrales de la concha; rep desde * hasta la última concha, acabando con 3 c, 1 pa en el último pb, gira.

Vuelta 3: 3 c (cuentan como 1 pa), 3 pa en el primer esp-c, salta 1 pb, 1 pb en el pb sig, *1 concha en el sig espacio de 5 c, salta 1 pb, 1 pb en el sig pb; rep desde * hasta la c de vuelta, 3 pa en el esp-c, 1 pa en la tercera de las cadenetas de vuelta, gira.

Vuelta 4: 1 c, 1 pb en cada uno de los 2 primeros p, 5c, *1 pb en cada uno de los 3 pa centrales de la concha sig, 5 c; rep desde *, acabando con 1 pb en cada uno de los 2 últimos p, gira.

Vuelta 5: 1 c, 1 pb en el primer p, *1 concha en el sig esp de 5 cadenetas, salta el pb sig, 1 pb en el pb sig; rep desde * hasta el final, gira.
Repite las vueltas 2 a 5.

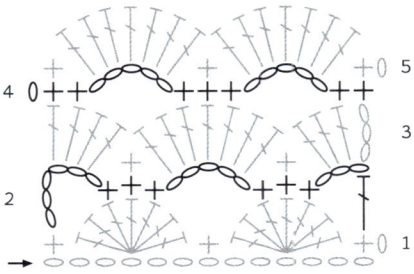

Punto especial: concha

Teje 7 puntos altos (pa), todos ellos en el siguiente punto o espacio de cadeneta (esp-c).

Punto de lirio

NIVEL
Medio

CADENETA BASE
4 (+3)

ASPECTO
Reversible

Vuelta 1: (2 pa, 1 c, 2 pa) en la quinta c desde el ganchillo, haz 1 abanico, *salta 3 c, 1 abanico en la c sig; repite desde * hasta las 2 últimas c, salta la c sig, 1 pa en la última c, gira.

Vuelta 2: 3 c (cuentan como 1 pa), 1 abanico en cada abanico a lo largo de la vuelta, acabando con 1 pa en el pa final, gira.
Repite la vuelta 2 para formar la muestra.

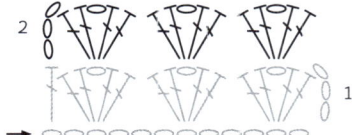

Punto de prímula

NIVEL
Medio

CADENETA BASE
Múltiple de 3 puntos
y 3 puntos más

ASPECTO
Reversible

Vuelta 1: (1 pb, 2 c, 1 pb) en la cuarta c desde el ganchillo, *salta 2 c, (1 pb, 2 c, 1 pb) en la c sig; rep desde * hasta las 2 últimas c, salta la c sig, 1 mpa en la última c, gira.

Vuelta 2: 3 c (cuentan como 1 pa), 3 pa en cada esp de 2 cadenetas a lo largo de la vuelta, 1 pa encima de la c de vuelta, gira.

Vuelta 3: 2 c (cuentan como 1 mpa), *(1 pb, 2 c, 1 pb) en el pa central del siguiente grupo de 3 pa: rep desde *hasta el último p, 1 mpa en el último p, gira.

Repite las vueltas 2 y 3 para formar la muestra.

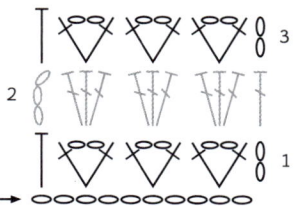

Conchas y ondas

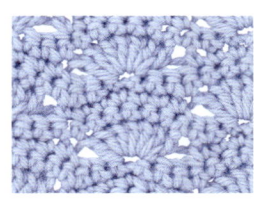

NIVEL
Medio

CADENETA BASE
14 (+4)

ASPECTO
Reversible

Vuelta 1: 3 pa en la cuarta c desde el ganchillo, salta 3 c, 1 pb en cada una de las 7 c sig, * salta 3 c, 1 concha (véase punto especial, p. 88) en la c sig, salta 3 c, 1 pb en cada una de las 7 c sig; repite desde * hasta las 4 últimas c, salta 3 c, 4 pa en la última c, gira.

Vuelta 2: 1 c, 1 pb en cada p a lo largo de la vuelta, gira.

Vuelta 3: 1 c, 4 pb, *salta 3 p, 1 concha en el p sig, salta 3 p, 7 pb; repite desde *, acabando la última rep con 4 pb, gira.

Vuelta 4: Repite la vuelta 2.

Vuelta 5: 3 c (cuentan como 1 pa), 3 pa en el mismo punto, salta 3 p, 7 pb, *salta 3 p, 1 concha en el p sig, salta 3 p, 7 pb; rep desde * hasta los 4 últimos p, salta 3 p, 4 pa en el último p, gira.

Repite las vueltas 2 a 4.

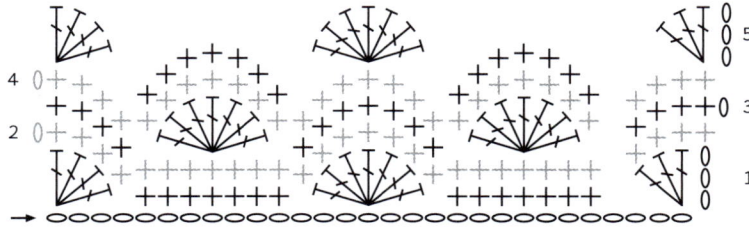

Ganchillo
multicolor

Puntos multicolores sencillos

Algo tan sencillo como una raya, una franja o un toque de distinto color puede cambiar enormemente el aspecto de un tejido de ganchillo. Los puntos pueden tejerse de manera que dé la impresión de que se usa más de un color por vuelta, cuando en realidad se tejen a rayas de lo más simple. Por ejemplo, las rayas dentadas (p. 93) se obtienen saltándose algunos puntos a lo largo de una vuelta y llenando los espacios con distinto color en la siguiente.

Mediante ciertas combinaciones de puntos también puedes crear tejidos pictóricos: por ejemplo, tejiendo garbanzos y puntos en V a rayas en el orden adecuado (p. 97) aparece un campo de tulipanes como por arte de magia.

Rayas dentadas

NIVEL
Medio

CADENETA BASE
4 (+6)

ASPECTO
Reversible

Vuelta de base: Con el color principal (CP), haz 1 punto alto (pa) en la cuarta cadeneta (c) desde el ganchillo, 1 pa en la c sig, *2 c, salta 2 c, 1 pa en cada una de las 2 c sig; rep desde * hasta la última c, 1 pa en la última c, gira.

1 **Vuelta 1:** Haz 1 c, 1 punto bajo (pb), 2 c, salta 2 pa. *Trabajando sobre las 2 c de la última vuelta y en las cadenetas de base saltadas de la vuelta de abajo, haz 1 pb en cada una de las 2 c sig (así abarcarás las 2 c de la primera vuelta; véase abajo). Haz 2 c, salta 2 pa; rep desde * hasta el último p, haz 1 pb en el último p, gira. **Vuelta 2:** Con el color de contraste (CC), haz 3 c de vuelta (cuentan como 1 pa). *Haz 1 pa en cada uno de los 2 pa de 2 vueltas más abajo: trabajando sobre las 2 c de la vuelta inferior, inserta el ganchillo en la parte superior del pa de 2 vueltas más abajo.

2 Haz 1 pa en este punto.

3 Repite en el pa sig a lo largo de la vuelta para completar 2 pa entrando desde 2 vueltas más abajo. Haz 2 c, salta 2 pa; rep desde * hasta los últimos esp de 2 cadenetas y pb. Haz 1 pa en cada uno de los 2 pa de 2 vueltas más abajo, haz 1 pa en el último pb y gira. **Vuelta 3:** Haz 1 c, 1 pb, 2 c, salta los 2 pa sig. *Trabajando sobre las 2 c sig y en la parte superior del pa de 2 vueltas más abajo, haz 1 pa en cada uno de los 2 pa sig. Haz 2 c, salta los 2 pa sig; rep desde * hasta el último p. Teje 1 pb en el último p y gira. Repite las vueltas 2 y 3 para formar la muestra, cambiando de color cada 2 vueltas. Cuando hayas alcanzado la altura deseada teje una vuelta final en cualquiera de los tonos.

Vuelta final: Haz 1 c y 1 pb. *Trabajando sobre las 2 c sig y en la parte superior del pa de 2 vueltas más abajo, haz 1 medio punto alto (mpa) en cada uno de los 2 pa sig y 1 pb en cada uno de los 2 pa sig; rep desde * hasta los últimos esp de 2 cadenetas y pb. Haz 1 mpa en cada uno de los 2 pa sig de la vuelta inferior y 1 pb en el pb.

Punto alto de 2 vueltas más abajo

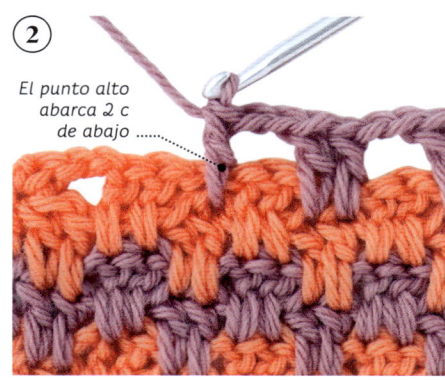

El punto alto abarca 2 c de abajo

Haz otro punto alto en el p sig de 2 vueltas más abajo

Rayas verticales

NIVEL
Fácil

CADENETA BASE
6 (+5)

ASPECTO
Reversible

Punto alto de 2 vueltas más abajo

El punto alto abarca las 2 c de abajo

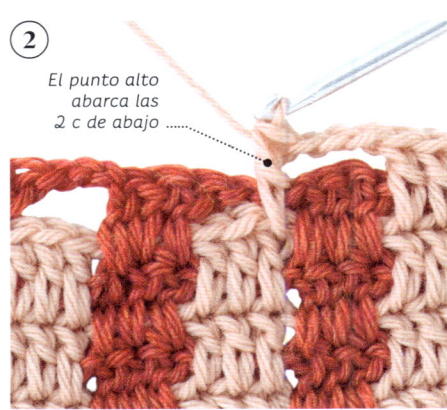

3 pa en los puntos de 2 vueltas más abajo

Vuelta de base (D): Con el color principal (CP), haz 1 punto alto (pa) en la 4.ª cadeneta (c) desde el ganchillo, 1 pa en la c sig, *3 c, salta 3 c, 1 pa en cada una de las 3 c sig; rep desde * hasta el final, gira.

1 **Vuelta 1:** Con el color de contraste (CC), haz 1 c y luego 1 pb en el primer punto. Haz 2 c, salta 2 pa. *Trabajando sobre las 3 c de la última vuelta (véase abajo), haz 1 pa en cada una de las 3 cadenetas de base saltadas de la vuelta de abajo, 3 c, salta los 3 pa sig; rep desde * hasta los 3 últimos pa. Acaba la última repetición con 2 c, saltando 2 pa y tejiendo 1 pb en el último p. Gira. **Vuelta 2:** Con el CP, haz 3 c (cuentan como 1 pa), trabajando sobre las 2 c de la última vuelta. Haz 1 pa en cada uno de los 2 p sig de 2 vueltas más abajo. *Haz 3 c, salta los 3 pa sig, haz 1 pa en cada uno de los 3 pa de 2 vueltas más abajo: trabajando sobre las 2 c de la vuelta inferior, inserta el ganchillo en la parte superior del pa de 2 vueltas más abajo.

2 Haz 1 pa en este punto.

3 Repite en cada uno de los 2 pa sig a lo largo de la vuelta para completar 3 pa entrando desde 2 vueltas más abajo. Repite desde * hasta el final, tejiendo el último pa en el último punto bajo (pb), y gira. Repite las vueltas 1 y 2 para formar la muestra, cambiando de color en cada vuelta.

Cuadros tricolores

Convierte las rayas verticales en cuadros simplemente tejiéndolas con tres colores de hilo en lugar de dos.

Punto de Bargello

NIVEL
Medio

CADENETA BASE
11 (+9). Se necesitan al menos 2 repeticiones (31 puntos)

ASPECTO
Reversible, pero el motivo destaca más por el derecho (D)

Vuelta de base (R): Con el color principal (CP), haz 1 punto alto (pa) en la cuarta cadeneta (c) desde el ganchillo y 1 pa en cada una de las c sig. Haz 3 c, 1 punto raso (pr) en la c sig (así se completa un conjunto). Salta 2 c, 1 pa en cada una de las 3 c sig, salta 2 c, 1 pr en la c sig. *3 c, 1 pa en cada una de las 3 c sig. **3 c, 1 pr en la c sig, salta 2 c, luego haz 1 pa en cada de las 3 c sig, salta 2 c, 1 pr en la c sig; rep desde *, terminando la última repetición en **, y después teje 1 pa en la última c.

Nota: A partir de aquí todos los puntos se tejen por detrás (det), es decir, solo por la hebra posterior.

1 **Vuelta 1:** Con el primer color de contraste (CC1), haz 3 c de vuelta (cuentan como 1 pa) y luego 1 punto alto por detrás (padet) en cada uno de los 3 p sig. Haz 3 c y 1 pr en la parte superior de la cadeneta de la vuelta anterior. *Haz 1 padet en los 3 p sig y luego 1 pr en la parte superior de la c de vuelta anterior.

2 Haz 3 c, 1 padet en cada uno de los 3 p sig. **Haz 3 c.

3 1 pr en la parte superior la c sig de la vuelta anterior; repite desde *, terminando la última repetición en **. Haz 1 padet en el último p y gira. **Vuelta 2:** Repite la vuelta 1 con el color CC1. **Vueltas 3 y 4:** Cambia al segundo color de contraste (CC2) y repite las vueltas 1 y 2. **Vueltas 5 y 6:** Cambia al CP y repite las vueltas 1 y 2. Repite las vueltas 1 a 6 para formar la muestra.

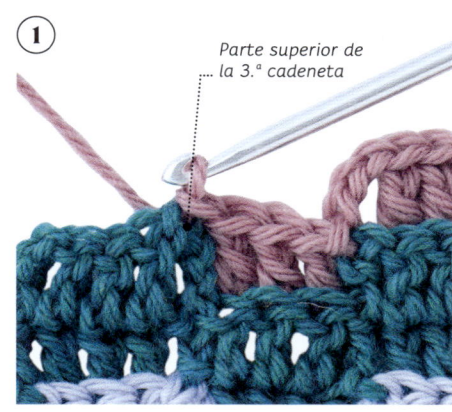

① *Parte superior de la 3.ª cadeneta*

② *3 pa tejidos por detrás*

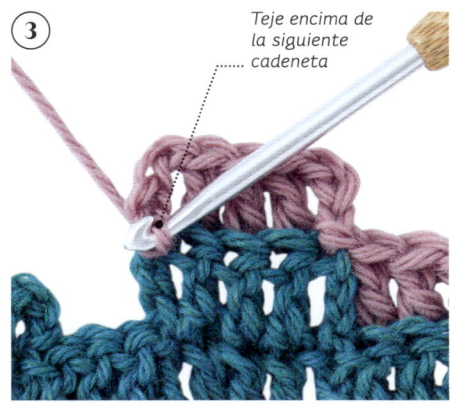

③ *Teje encima de la siguiente cadeneta*

Punto escalonado

NIVEL
Medio

CADENETA BASE
6 (+1)

ASPECTO
Una sola cara

Vuelta de base (D): Con el color principal (CP), haz 1 punto bajo (pb) en la segunda cadeneta (c) desde el ganchillo y en cada c hasta el final, no gires.

1   **Vuelta 1 (D):** Empalma el primer color de contraste (CC1) al principio de la vuelta. Haz 1 c y luego 1 pb por la hebra posterior (pbdet) en cada punto hasta el final de la vuelta, no gires. **Vuelta 2:** Empalma el segundo color de contraste (CC2) al principio de la vuelta. Haz 1 c, *1 pbdet en cada uno de los 5 p sig y luego inserta el ganchillo solo en la hebra anterior del pb sig de 2 vueltas más abajo.

2   Haz 1 pa a través de esta lazada anterior (es decir, un punto alto tejido por delante, o padel): quedará por encima del tejido. Repite desde * hasta el final de la vuelta, no gires. **Vuelta 3:** Empalma el CC3 al principio de la vuelta. Haz 1 c, 1 pbdet en cada uno de los 4 primeros p y luego 1 padel en el pb sig de 2 vueltas más abajo. **Haz 5 pbdet, 1 padel en el pb sig de 2 vueltas más abajo; rep desde ** hasta el último p. Haz 1 pbdet en el último p, no gires. **Vueltas 4 a 7:** Empalma un nuevo color al principio de cada vuelta. Haz 1 cadeneta y luego sigue las instrucciones como se indica en las vueltas anteriores, haciendo cada vez 1 pbdet menos al principio y uno más al final de la vuelta. De este modo se crea un efecto escalonado, al situar cada nuevo padet justo encima y a la derecha del de la vuelta inferior; por lo tanto, la vuelta 7 empezará con 1 padet en el pb sig de 2 vueltas más abajo. Repite las vueltas 2 a 7 para formar la muestra.

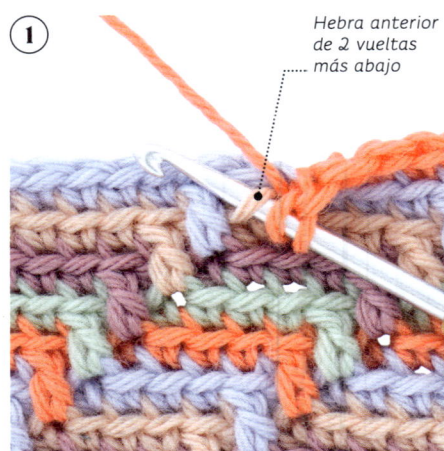

① *Hebra anterior de 2 vueltas más abajo*

② *Teje el punto alto normalmente*

Punto de tulipán

NIVEL
Medio

CADENETA BASE
3

ASPECTO
Una sola cara

Vuelta de base (RS): Con el color principal (CP), haz 1 punto bajo (pb) en la segunda cadeneta (c) desde el ganchillo y en cada c a lo largo de la vuelta, gira.

1 Vuelta 1 (R): Haz 1 c y luego 1 pb en cada p hasta el final, gira. **Vuelta 2 (D):** Haz 1 c y luego 1 pb en cada p hasta el final. **No** gires. **Vuelta 3 (D):** Con el primer color de contraste (CC1), haz 3 c (cuentan como 1 pa), salta el p sig, haz 1 punto en V (véase punto especial) en el p sig, salta 2 pa y haz 1 punto en V en el p sig hasta los 2 últimos p. Salta el p sig y haz 1 pa en el último pb. **No** gires.

2 Vuelta 4 (D): Con el segundo color de contraste (CC2), haz 4 c (cuentan como 1 pa y 1 c). (1 garbanzo en 1 punto en V, 2 c) hasta el último punto en V. 1 garbanzo (véase punto especial) en el último punto en V, 1 c, 1 pa en el último p. **No** gires. **Vuelta 5 (D):** Vuelve a empalmar el CP al principio de la vuelta, sin girar. Haz 1 c, y luego 1 pb en cada p hasta el final, gira. **Vueltas 6 y 7:** Con el CP, haz 1 c y luego 1 pb en cada p hasta el final, gira. Repite las vueltas 3 a 7 para formar la muestra. Para tejer «tulipanes» de distintos colores, cambia el CC2 por otro tono cada vez que repitas la vuelta 4.

Puntos especiales

Punto en V: Teje (1 pa, 2 c, 1 pa) en el punto siguiente. (Para tejer en un punto en V se pasa el ganchillo por el espacio de 2 cadenetas).

Garbanzo: Haz 5 pa en el siguiente esp de 2 cadenetas; luego alarga un poco la lazada del ganchillo y retira este. Inserta el ganchillo en el primero de los 5 pa, vuelve a poner en él con cuidado la lazada suelta y apriétala. Echa el hilo (eh) y sácalo a través de todo lo que haya en el ganchillo.

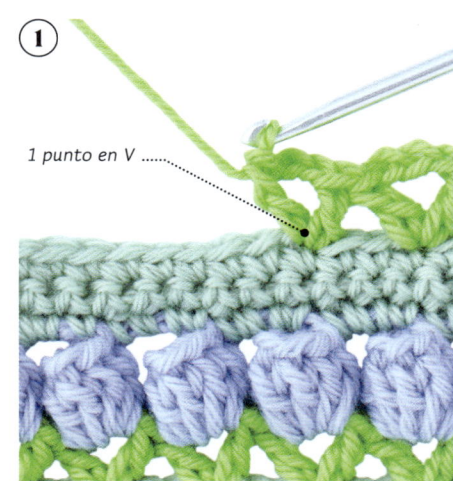

1 punto en V

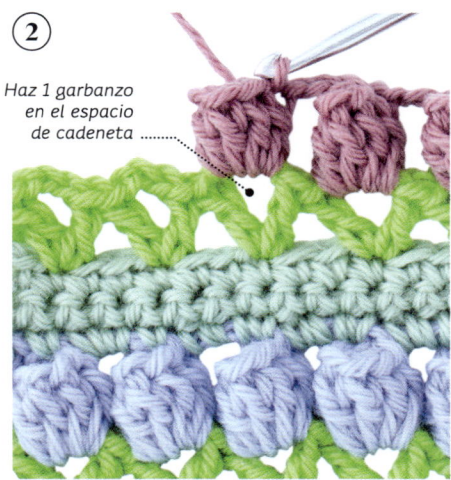

Haz 1 garbanzo en el espacio de cadeneta

Punto de espina

NIVEL
Medio

CADENETA BASE
4

ASPECTO
Reversible, pero el motivo destaca más por el derecho (D)

Vuelta 1: Con el color principal (CP), haz 1 punto bajo (pb) en la 2.ª c desde el ganchillo y en cada c hasta el final, gira.
Vueltas 2 a 4: 1 c, 1 pb en cada p a lo largo de la vuelta, gira.
Vuelta 5: Con el primer color de contraste (CC1), haz 1 c, 1 pb, 1 pesp1 (véase punto especial) , 1 pb, *1 pesp2 (véase punto especial), 1 pb, 1 pesp1, 1 pb; rep desde * hasta el final, gira. Rep las vueltas 2 a 5 para formar la muestra, cambiando de color cada 5.ª vuelta.

Punto especial: punto de espina

El punto de espina es una variante del punto bajo que se teje en el punto de una vuelta o de varias vueltas por debajo del punto en el que se teje normalmente. En esta muestra se han usado dos tipos de espina:

1   **Punto de espina en una vuelta más abajo (pesp1):** Inserta el ganchillo en el tejido de delante atrás en el punto que está justo una vuelta más abajo del punto siguiente, saca una lazada hacia delante a través de ese punto y estírala hasta que llegue a la altura de la vuelta en la que estás trabajando.

2   Echa el hilo (eh) y sácalo a través de las dos lazadas del ganchillo como en un punto bajo (pb) normal.

3   **Punto de espina en dos vueltas más abajo (pesp2):** Inserta el ganchillo en el tejido de delante atrás en el punto que está justo dos vueltas más abajo del punto siguiente, saca una lazada hacia delante a través de ese punto y estírala hasta que llegue a la altura de la vuelta en la que estás trabajando.

4   Echa el hilo (eh) y sácalo a través de las dos lazadas del ganchillo como en un pb normal.

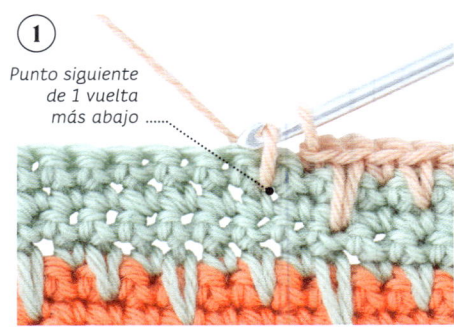

① Punto siguiente de 1 vuelta más abajo ······

② Complétalo como 1 pb normal ······

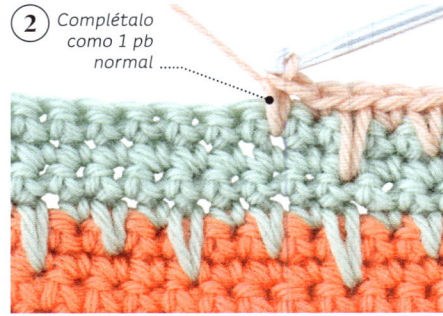

③ Punto siguiente de 2 vueltas más abajo ······

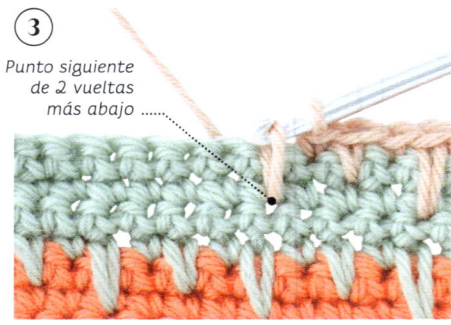

④ Complétalo como 1 pb normal ······

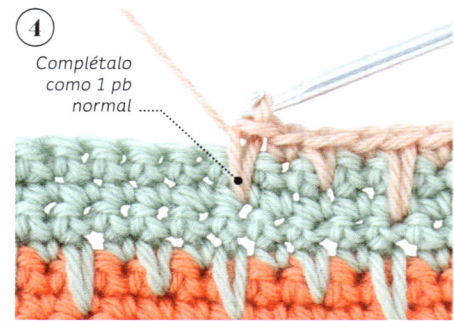

Racimos de espinas

NIVEL
Avanzado

CADENETA BASE
6 (+8)

ASPECTO
Una sola cara

Vuelta 1: Con el color principal (CP), 1 pb en la segunda c desde el ganchillo y en cada c a lo largo de la vuelta, gira.

Vueltas 2 a 4: 1 c, 1 pb en cada pb hasta el final, gira.

Vuelta 5 (D): Con el color de contraste (CC), 1 c, 3 pb, 1 resp (véase punto especial) en el p sig, (5 pb, 1 resp en p sig) hasta los 3 últimos p, 3 pb. **No** gires.

Vuelta 6: Empalmando el CP al inicio de la vuelta sin girar, 1 c, 1 pb en cada p hasta el final, gira.

Vueltas 7 a 9: 1 c, 1 pb en cada p hasta el final, gira.

Vuelta 10: Con el CC, 1 c, 6 pb, (1 resp en el p sig, 5 pb) hasta el último p, 1 pb, gira.

Vuelta 11: Empalmando el CP al principio de la vuelta sin girar, 1 c, 1 pb en cada p hasta el final, gira. Repite las vueltas 2 a 11 para formar la muestra, cambiando de color como se indica.

Punto especial: racimo de espinas (resp)

1 Inserta el ganchillo 2 p a la derecha y 1 vuelta por debajo del p sig, y saca una lazada hasta la altura de la vuelta en la que estás trabajando.

2 Inserta el ganchillo 1 p a la derecha y 2 vueltas por debajo del p sig, y saca una lazada hasta la altura de la vuelta en la que estás trabajando.

3 A continuación inserta el ganchillo 3 vueltas por debajo del p sig y saca una lazada hasta la vuelta en la que estás trabajando.

4 Inserta el ganchillo 1 p a la izquierda y 2 vueltas por debajo del p sig, y saca una lazada hasta la vuelta en la que estás trabajando.

5 Finalmente inserta el ganchillo 2 p a la izquierda y 1 vuelta por debajo del p sig, y saca una lazada hasta la vuelta en la que estás trabajando. Tendrás 6 lazadas en el ganchillo. Echa el hilo (eh) y sácalo a través de las 6 lazadas.

1
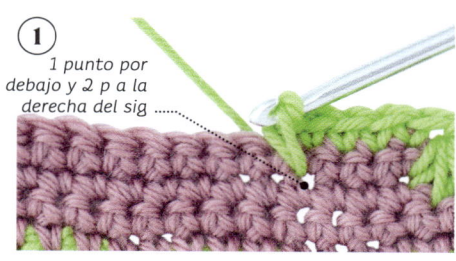
1 punto por debajo y 2 p a la derecha del sig ......

2
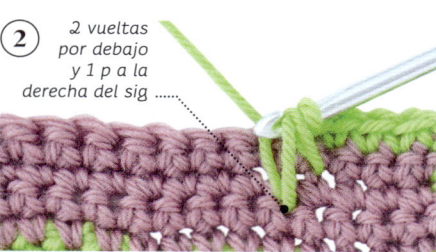
2 vueltas por debajo y 1 p a la derecha del sig ......

3
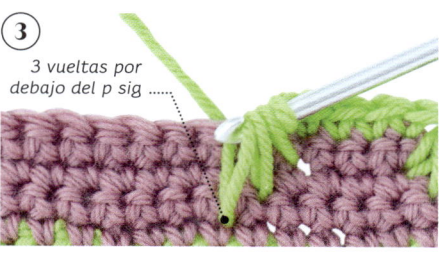
3 vueltas por debajo del p sig ......

4

2 vueltas por debajo y 1 p a la izquierda del sig ...

5

1 punto por debajo y 2 p a la izquierda del sig ...

Punto de espina tradicional

NIVEL
Medio

CADENETA BASE
4

ASPECTO
Reversible

1 punto alto en el espacio de cadeneta ......

Segundo punto alto del grupo de 2 vueltas más abajo ......

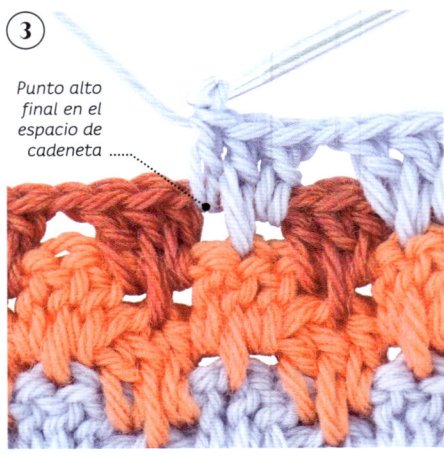

Punto alto final en el espacio de cadeneta ......

Vuelta 1: Con el color principal (CP), 2 pa en la cuarta c desde el ganchillo, 1 c, *salta 3 c, 3 pa en el p sig, 1 c; rep desde * hasta las 4 últimas c, salta 3 c, 3 pa en la última c, gira.
Vuelta 2: 4 c (cuentan como 1 pa y 1 c), *1 pa en el esp-c siguiente, 1 pa en la segunda c saltada de la cadeneta de base, 1 pa en el mismo esp-c, 1 c; rep desde * hasta los 3 últimos p, 1 pa en el último p, gira.
Vuelta 3: Con el primer color de contraste (CC1), 3 c (cuenta como primer pa), * 1 punto de espina tradicional (véase punto especial) en el esp-c sig, 1 c; rep desde* hasta el final, 1 pr en el último p, gira.
Vuelta 4: 4 c (cuentan como 1 pa y 1 c), (1 punto de espiga tradicional en el esp-c sig, 1 c) hasta los 3 últimos p, 1 pa en el último p, gira. Rep las vueltas 3 y 4 para formar la muestra, cambiando de color cada 2 vueltas.

Punto especial: punto de espina tradicional

1 Haz 1 punto alto (pa) en el siguiente espacio de cadeneta (esp-c).

2 Haz 1 pa en el segundo pa del punto de espina tradicional de 2 vueltas más abajo.

3 Haz 1 último pa en el mismo esp-c.

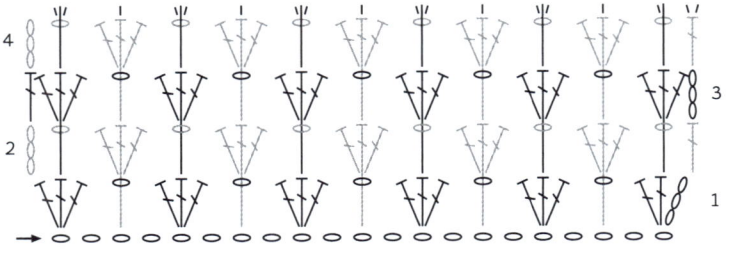

Pata de alondra

NIVEL
Medio

CADENETA BASE
4 (+1)

ASPECTO
Reversible

Vuelta 1: Con el color principal (CP), 1 pa en la cuarta c desde el ganchillo, 1 pa en la c sig, *1 c, salta 1 c, 1 pa en cada una de las 3 c sig; rep desde * hasta el final, gira.

Vuelta 2: 3 c (cuentan como primer pa), 1 pa en cada una de las 2 c sig, (1 c, salta 1 c, 3 pa) hasta el final, gira.

Vuelta 3: Con el primer color de contraste (CC1), 4 c (cuentan como 1 pa y 1 c), salta el p sig, 1 pa en el sig p, 1 paes (véase punto especial) en la c saltada de la base, 1 pa en el p sig, *1 c, salta el p sig, 1 pa en el p sig, 1 paes en la c saltada de la base, 1 pa en el p sig; rep desde * hasta los 2 últimos p, 1 c, salta el p sig, 1 pa en el último p.

Vuelta 4: 4 c (cuentan como 1 pa y 1 c), (salta 1 esp-c, 3 pa, 1 c) hasta el último p, 1 pa en el último p, gira.

Vuelta 5: Con el segundo color de contraste (CC2), 3 c (cuentan como primer pa), 1 paes en el punto saltado 3 vueltas más abajo, 1 pa en el p sig, *1 c, salta el esp-c, 1 pa en el p sig, 1 paes en el esp de 1 cadeneta de dos vueltas más abajo, 1 pa en el sig; rep desde * hasta el final.

Vuelta 6: 3 c (cuentan como primer pa), 2 pa, (1 c, salta el esp-c, 3 pa) hasta el final. Rep las vueltas 3 a 6 para formar el motivo, cambiando de color cada 2 vueltas como se indica y acabando con una vuelta 4.

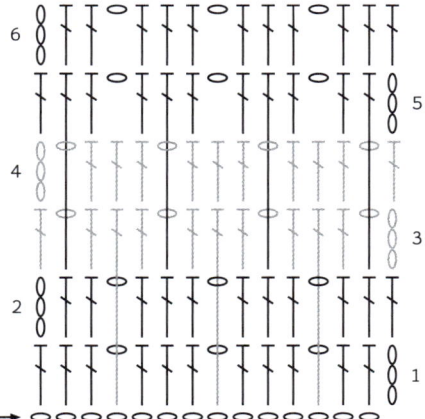

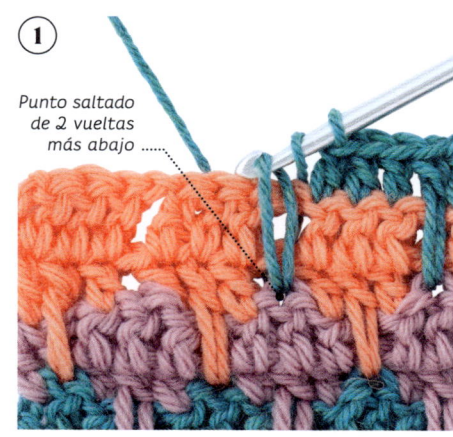

① *Punto saltado de 2 vueltas más abajo ......*

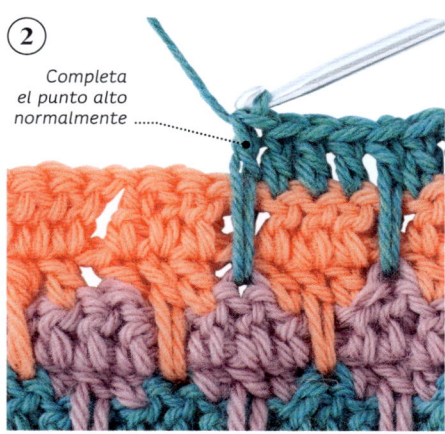

② *Completa el punto alto normalmente ......*

Punto especial: punto alto de espina (paes)

1 Trabajando sobre los espacios de cadeneta de la vuelta de abajo y de 2 vueltas más abajo, inserta el ganchillo en el punto saltado de la tercera vuelta por debajo y saca una lazada larga hasta la vuelta en la que estás trabajando: habrá 3 lazadas en el ganchillo.

2 Completa un punto alto normal (p. 34), sacando el hilo por las lazadas de dos en dos.

Puntos multicolores en zigzag, ondulados y avanzados

En los puntos de zigzag o de ondas se emplean aumentos y menguados para crear líneas curvas y quebradas. Todos ellos pueden tejerse en un solo color, pero quedan mejor en rayas de distintos colores, que realzan la suave ondulación de los puntos de olas y los ángulos agudos del zigzag, conseguidos a base de aumentar y menguar múltiples veces en cada pico y valle. Estos puntos tienen mucho movimiento y por ello quedan bien en mantas fluidas y chales.

En las técnicas de ganchillo multicolor más avanzadas se usan dos o más colores a lo largo de una sola vuelta para crear un tejido con motivos de varios colores, ya sea transportando el hilo del color que se está usando a lo largo de la vuelta, como en los puntos de tapiz (pp. 112–113), o creando conjuntos o manchas de color, como en la intarsia (pp. 114–115). Para la intarsia necesitarás un ovillo de cada color, por lo que te conviene preparar bobinas o carretes de cada nuevo tono. Para estos tipos de tejido multicolor sigue un esquema de cuadrícula en vez de uno de símbolos.

Zigzag a punto bajo

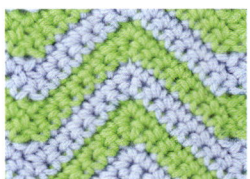

NIVEL
Fácil

CADENETA BASE
17 (+3)

ASPECTO
Reversible

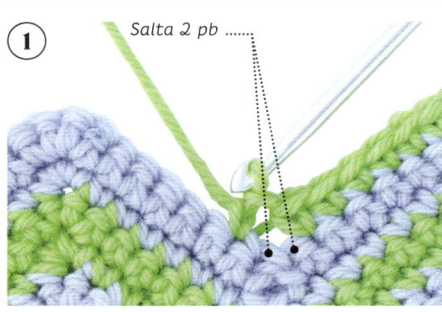

Salta 2 pb

Vuelta de base: Con el color principal (CP), haz 1 punto bajo (pb) en la segunda cadeneta (c) desde el ganchillo y en cada c a lo largo de la vuelta, gira.

1 **Vuelta 1:** Haz 1 c de vuelta y teje 2 pb en el primer punto. *Haz 7 pb, salta los 2 pb sig para crear el valle y teje 1 pb en el punto siguiente (así se mengua 2 puntos).

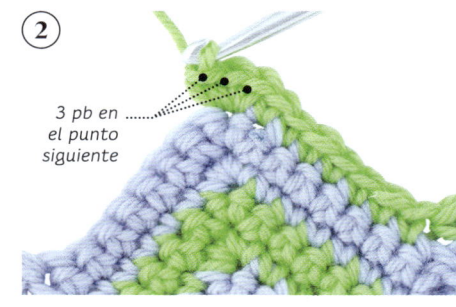

3 pb en el punto siguiente

2 Haz 6 pb más y luego 3 pb en el punto siguiente para crear el pico; repite desde * hasta el final, tejiendo 2 pb en el último pb en vez de 3 pb, y gira. Repite la vuelta 1 para formar la muestra, cambiando de color cada 2 vueltas.

Zigzag en relieve

NIVEL
Fácil

CADENETA BASE
17 (+3)

ASPECTO
Reversible

Vuelta de base: Con el color principal (CP), teje 2 puntos bajos juntos (2pbj) en la segunda y la tercera cadenetas (c) desde el ganchillo. *1 punto bajo (pb) en cada una de las 7 c sig , 3 pb en la c sig, 1 pb en cada una de las 7 c sig, salta 2 c; rep desde * hasta las 2 últimas c, 2pbj en estas 2 últimas c, gira.

1 **Vuelta 1:** Haz 1 c de vuelta, 2pbj sobre los 2 primeros pb, trabajando solo por la hebra posterior (2pbj det, véase abajo), teje 7 pb solo por la hebra posterior (pbdet; p. 38) y luego 3 pbdet en el p sig para crear el pico.

2 Haz 7 pbdet, salta 2 pb. *Haz 1 pbdet en el p sig. Haz 6 pbdet, 3 pbdet en el p sig, 7 pbdet; rep desde * hasta los 2 últimos p, teje 2pbj det a lo largo de los 2 últimos p: *inserta el ganchillo solo en la hebra posterior del punto siguiente, saca una lazada y repite en el punto siguiente: tendrás 3 lazadas en el ganchillo. Echa el hilo (eh) y sácalo por las 3 lazadas, gira. Repite la vuelta 1 para formar la muestra.*

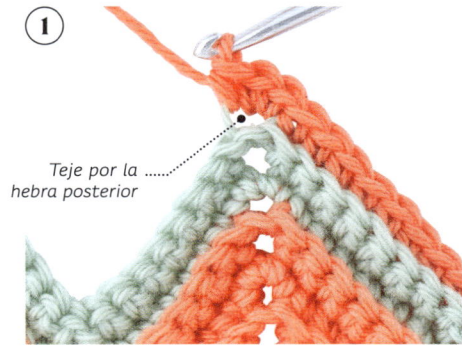

Teje por la hebra posterior

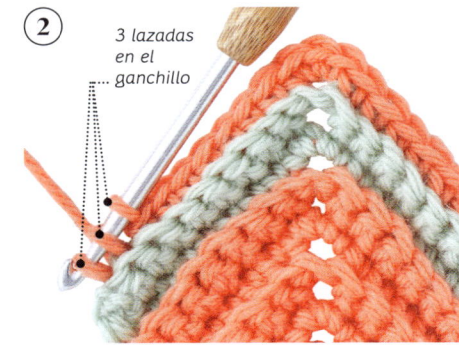

3 lazadas en el ganchillo

Zigzag a punto alto

NIVEL
Fácil

CADENETA BASE
10 (+3). Se necesitan al
menos 2 repeticiones
(23 puntos)

ASPECTO
Reversible

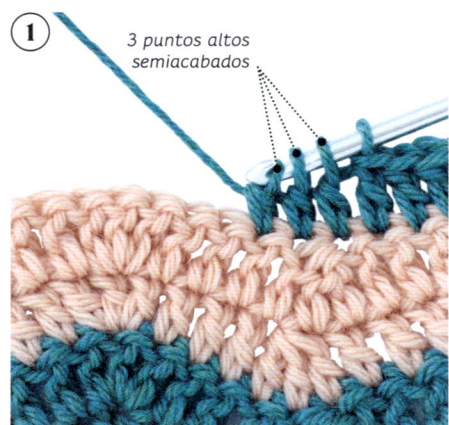

① 3 puntos altos
semiacabados

② Saca el hilo por
todas las lazadas
para completar
el menguado

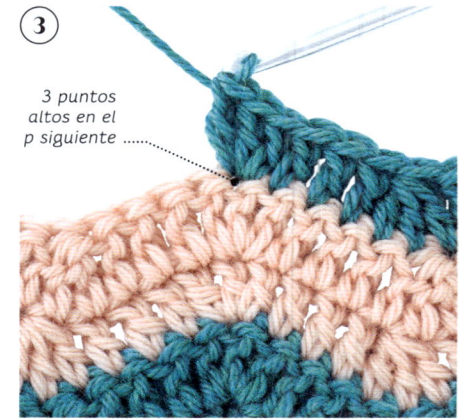

③ 3 puntos
altos en el
p siguiente

Vuelta de base: Con el color principal (CP),
haz 1 punto alto (pa) en la tercera cadeneta
(c) desde el ganchillo, 3 pa, cierra tres
puntos altos juntos (3paj, véase abajo) y
luego teje 3 pa.*3 pa en la c sig, 3 pa, 3paj,
3 pa; rep desde * hasta la última c, 2 pa en
la última c, gira.

1 **Vuelta 1:** Haz 3 c de vuelta (cuenta
como primer pa), 1 pa en el mismo p,
3 pa y luego 3paj para menguar 2 puntos:
*haz un punto alto hasta el último paso
en cada uno de los 3 puntos siguientes:
tendrás 4 lazadas en el ganchillo.*

2 *Echa el hilo (eh) y sácalo por las 4 lazadas.
Así se completa el menguado.*

3 Haz 3 pa. A continuación, haz 3 pa en
el p sig para aumentar 2 puntos y crear
el pico. Luego haz 3 pa, 3paj, 3 pa; repite
desde * hasta el último p, haz 2 pa en la
cadeneta de vuelta y gira. Repite la vuelta
1 para formar la muestra, cambiando de
color cuando quieras resaltar el zigzag.

Ondas largas

NIVEL
Fácil

CADENETA BASE
14 (+2)

ASPECTO
Reversible

Vuelta de base: Con el color principal (CP), haz 1 punto bajo (pb) en la segunda cadeneta (c) desde el ganchillo y 1 pb en la c sig. *Haz 1 medio punto alto (mpa) en cada una de las 2 c sig, 1 punto alto (pa) en cada una de las 2 c sig y luego 1 punto alto doble (pad) en cada una de las 3 c sig, 1 pa en cada una de las 2 c sig y 1 mpa en cada una de las 2 c sig. **Haz 1 pb en cada una de las 3 c sig; repite desde *, acabando la última repetición en **, 1 pb en cada una de las 2 últimas c, gira.

1 Vuelta 1: Con el primer color de contraste (CC1), haz 1 c y luego 1 pb en el p sig y en cada p hasta el final, gira. **Vuelta 2:** Con el segundo color de contraste (CC2), haz 4 c (cuentan como 1 pad), 1 mpa en el p sig, 2 pa, 2 mpa, 3 pb.

2 Haz 2 mpa, 2 pa, *3 pad, 2 pa, 2 mpa, 3 pb, 2 mpa, 2 pa. Repite desde * hasta el final, luego haz 1 pad en cada uno de los 2 últimos p y gira. **Vuelta 3:** Con el CC1, haz 1 c y luego 1 pb en el p sig y en cada punto hasta el final, gira. **Vuelta 4:** Con el CP, haz 1 c y luego 1 pb en cada uno de los 2 p sig. *Haz 2 mpa, 2 pa, 3 pad, 2 pa, 2 mpa, 3 pb. Repite desde * acabando la última repetición con solo 2 pb, y gira. **Vuelta 5:** Con el CC1, haz 1 c y luego 1 pb en el p sig y en cada punto hasta el final, gira. Repite las vueltas 2 a 5 para formar la muestra, manteniendo la secuencia de las rayas como se indica.

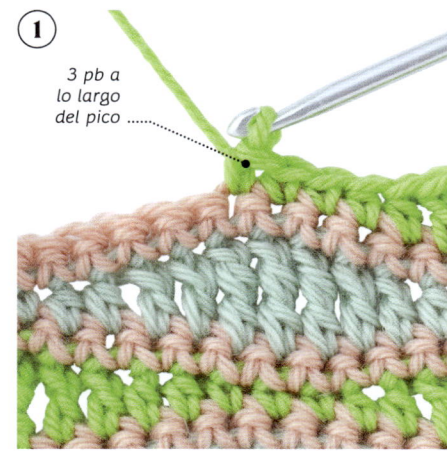

① 3 pb a lo largo del pico ....

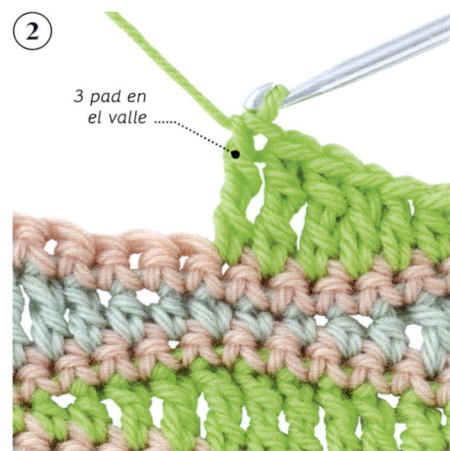

② 3 pad en el valle ....

Zigzag a rayas tradicional

NIVEL
Fácil

CADENETA BASE
18 (+4). Se necesitan al menos 2 repeticiones (40 puntos)

ASPECTO
Una sola cara

Vuelta de base: Con el color principal (CP), haz 3 puntos altos (pa) en la 4.ª cadeneta (c) desde el ganchillo, *(1 c, salta 2 c, 3 pa en la c sig) 2 veces, salta 5 c, 3 pa en la c sig, 1 c, salta 2 c, 3 pa en la c sig, 1 c, salta 2 c. ** (3 pa, 3 c, 3 pa) en la c sig; rep desde * a lo largo de la vuelta, acabando la última repetición en **, 4 pa en la última c. **No** gires.

1 **Vuelta 1:** Empalma el color de contraste (CC) al principio de la vuelta sin haber girado la labor, a fin de tejer cada vuelta con el derecho (D) frente a ti. Haz 3 c de vuelta (cuentan como primer pa) y luego teje 4 pa en el mismo punto. *(1 c, 3 pa en el esp-c siguiente) 2 veces, salta los 2 grupos de 3 pa siguientes y teje los 3 pa siguientes en el esp-c siguiente para crear un menguado y el valle del zigzag.

2 1 c, 3 pa en el esp de 1 cadeneta sig, 1 c. ** Teje (3 pa, 3 c, 3 pa) en el esp de 3 cadenetas sig para crear un aumento y el pico del zigzag. Rep desde * a lo largo de la vuelta, terminando la última repetición en **. Haz 4 pa en el último p y **no** gires. Repite la vuelta 1 para formar la muestra, cambiando de color en cada vuelta.

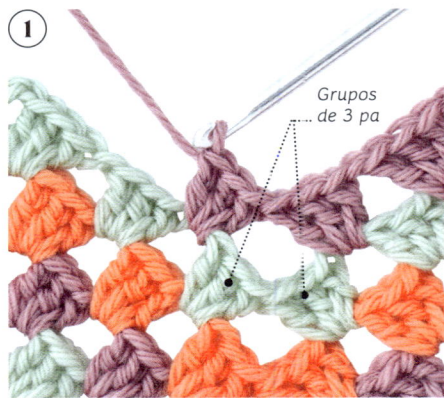

(1) *Grupos de 3 pa*

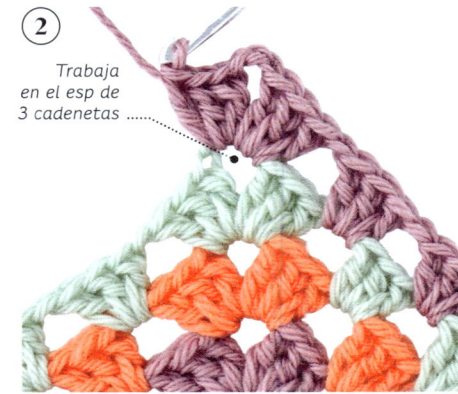

(2) *Trabaja en el esp de 3 cadenetas*

Zigzag de puntos en V

NIVEL
Medio

CADENETA BASE
20 (+8). Se necesitan al menos 2 repeticiones (43 puntos)

ASPECTO
Reversible

① 1 p en V, 1 c y 1 p en V, todos en el sig esp de 1 c

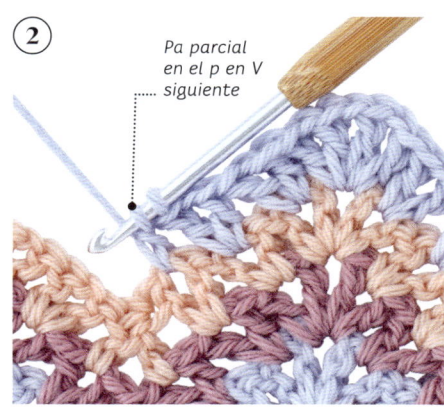

② Pa parcial en el p en V siguiente

Vuelta de base: Con el color principal (CP), 1 punto alto (pa) en la cuarta cadeneta (c) desde el ganchillo, *salta 2 c, (1 pa, 1 c, 1 pa) en el p sig (así se hace 1 punto en V) 2 veces, salta 2 c, (1 p en V, 1 c, 1 p en V) en la c sig, (salta 2 c, 1 p en V en el p sig) 2 veces, salta 2 c, **2 puntos altos cerrados juntos (2 paj, véase abajo), insertando el ganchillo primero en la c sig, saltando la c sig y volviéndolo a insertar en la tercera c; rep desde * acabando la última repetición en **, 1 pa en cada una de las 2 últimas c, gira.

1 **Vuelta 1:** Con el primer color de contraste (CC1), haz 3 c, 1 pa en el p en V sig. *(1 p en V en el p en V sig) 2 veces, (1 p en V, 1 c, 1 en V) en el esp de 1 c sig.

2 (1 p en V en el p en V sig) 2 veces, 2 puntos altos cerrados juntos (2paj): *teje 1 pa hasta el último paso en el p en V sig: tendrás 2 lazadas en el ganchillo.*

3 *Teje 1 pa hasta el último paso en el p en V sig, saltando los 2paj de la vuelta de abajo: tendrás 3 lazadas en el ganchillo.*

4 *Echa el hilo (eh) y sácalo por todas las lazadas del ganchillo. Así se completan los 2paj.* Rep desde *, acabando la última repetición tejiendo los 2paj sobre el p en V sig y el último p de la vuelta, gira. Repite la vuelta 1 para formar la muestra, cambiando de color en cada vuelta.

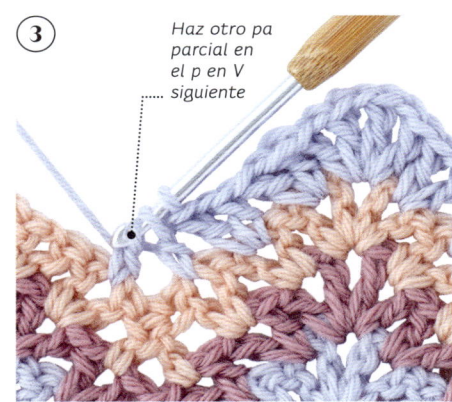

③ Haz otro pa parcial en el p en V siguiente

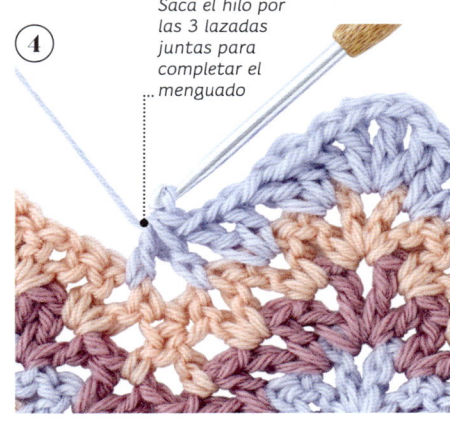

④ Saca el hilo por las 3 lazadas juntas para completar el menguado

Punto de olas

NIVEL
Fácil

CADENETA BASE
17 (+6). Se necesitan
al menos 2 repeticiones
(40 puntos)

ASPECTO
Reversible

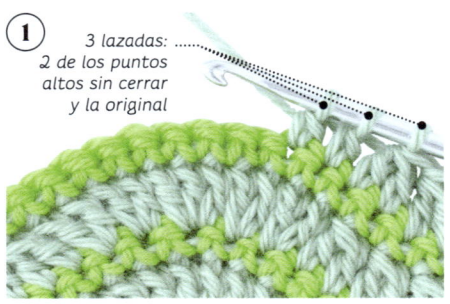

① 3 lazadas:
2 de los puntos
altos sin cerrar
y la original

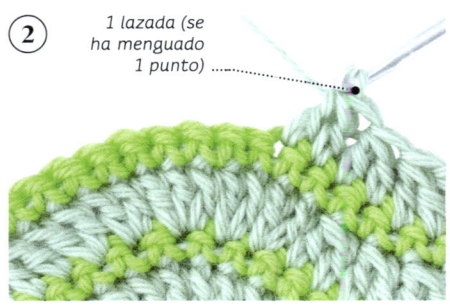

② 1 lazada (se
ha menguado
1 punto)

Vuelta 1: Con el color principal (CP), 1 pa en la cuarta c desde el ganchillo (las 3 c anteriores cuentan como 1 pa), 2paj (véase punto especial) 3 veces, (2 pa en la c sig) 2 veces, 3 pa en la c sig, (2 pa en la c sig) 2 veces, *2paj 6 veces, (2 pa en la c sig) 2 veces, 3 pa en la c sig, (2 pa en la c sig) 2 veces; rep desde * hasta las 8 últimas c, 2 paj 3 veces, 1 pa en cada una de las 2 últimas c, gira.
Vuelta 2: Con el color de contraste (CC), 1 c, 1 dc en cada punto a lo largo de la vuelta, gira.
Vuelta 3: Con el CP, 3 c (cuentan como 1 pa), 1 pa en el p sig, 2paj 3 veces, (2 pa en la c sig) 2 veces, 3 pa en el p sig, (2 pa en la c sig) 2 veces, *2 paj 6 veces, (2 pa en la c sig) 2 veces, 3 pa en el p sig, (2 pa en la c sig)

2 veces; rep desde * hasta los 8 últimos p, 2paj 3 veces, 1 pa en cada uno de los 2 últimos p, gira.
Repite las vueltas 1 y 2 para formar la muestra, alternando el color en cada vuelta.

Punto especial: 2 puntos altos cerrados juntos (2paj)

1 (Eh, inserta el ganchillo en el p sig y saca una lazada, eh y sácalo por 2 lazadas) 2 veces: quedarán 3 lazadas en el ganchillo.

2 Echa el hilo (eh) y sácalo por las 3 lazadas para completar los 2paj.

Punto pavo real

NIVEL
Medio

CADENETA BASE
23 (+6). Se necesitan al menos 2 repeticiones (52 puntos)

ASPECTO
Reversible, pero el motivo luce más por el derecho (D)

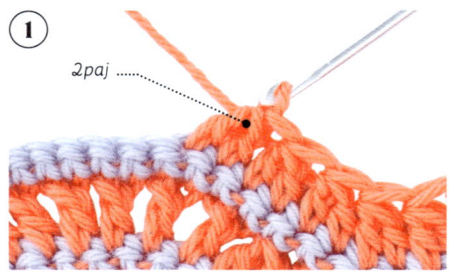

① 2paj

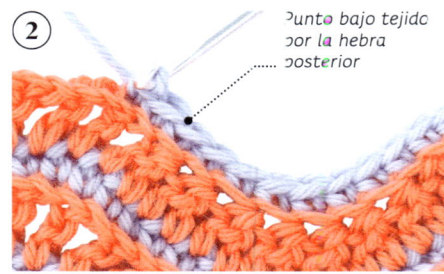

② Punto bajo tejido por la hebra posterior

1 Vuelta 1: Con el color principal (CP), haz 1 punto alto (pa) en la cuarta cadeneta (c) desde el ganchillo (las 3 c anteriores cuentan como 1 pa), 2paj (véase arriba) 4 veces, 1 c, (1 pa, 1 c) en cada una de las 7 c sig, *2paj 8 veces, 1 c, (1 pa, 1 c) en cada de las 7 c sig; rep desde * hasta las 10 últimas c, 2paj 4 veces, 1 pa en cada una de las 2 últimas c, gira.

2 Vuelta 2 (D): Con el color de contraste (CC), haz 1 c y luego 1 pb solo por la hebra posterior (pbdet, p. 38) en cada p a lo largo de la vuelta, gira. **Vuelta 3:** Con el CP, 3 c (cuentan como 1 pa), 1 pa en el p sig, *2paj 4 veces, 1 c, (1 pa, 1 c) en cada uno de los 7 p sig, *2paj 8 veces, 1 c, (1 pa, 1 c) en cada uno de los 7 p sig. Repite desde * hasta los 10 últimos p, luego teje 2paj 4 veces, 1 pa en cada uno de los 2 últimos p y gira. Repite las vueltas 2 y 3 para hacer una muestra.

Punto de olas en relieve

NIVEL
Medio

CADENETA BASE
12 (+3). Se necesitan al menos 2 repeticiones (27 puntos)

ASPECTO
Reversible

Vuelta de base: Con el color principal (CP), haz 1 punto alto (pa) en la cuarta cadeneta (c) desde el ganchillo (las c anteriores cuentan como 1 pa), 1 pa en cada una de las 3 c sig, 2paj 2 veces, *1 pa en cada una de las 3 c sig, 2 pa en cada una de las 2 c sig, 1 pa en cada una de las 3 c sig y 2paj 2 veces; repite desde * hasta las 4 últimas c, 1 pa en cada una de las 3 c sig, 2 pa en la última c, y gira.

1 **Vuelta 1:** Haz 3 c (cuentan como 1 pa) y luego 1 pa en el mismo punto. Teje 3 puntos altos por la hebra posterior (padet) y 2 puntos altos por la hebra posterior cerrados juntos (2 padet juntos). Teje 1 pa hasta el último paso en cada uno de los 2 puntos siguientes, insertando el ganchillo por la hebra posterior de cada uno: tendrás 3 lazadas en el ganchillo. Echa el hilo (eh) y sácalo por las 3 lazadas para completar los 2 padet juntos.

2 *Teje 3 padet y luego 2 padet en cada uno de los 2 p sig, 3 padet y 3 padet juntos 2 veces; rep desde * hasta los 4 últimos p. Haz 3 padet y después 2 pa en el último p, y gira. Rep la vuelta 1 para formar la muestra, cambiando de color cada 2 vueltas.

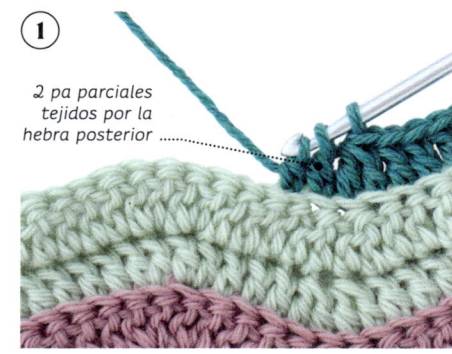

① 2 pa parciales tejidos por la hebra posterior

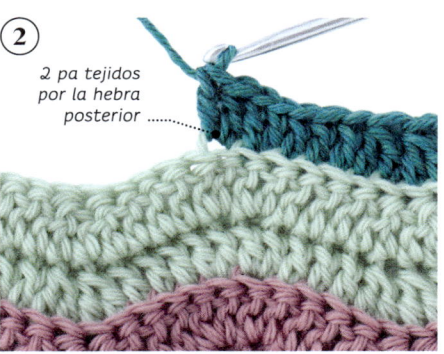

② 2 pa tejidos por la hebra posterior

Ondas largas en relieve

OTRO NOMBRE
Punto de almendra

NIVEL
Fácil

CADENETA BASE
10 (+6)

ASPECTO
Reversible, pero las dos caras son muy diferentes

Vuelta 1: Con el color principal (CP), haz 1 pr en la segunda c desde el ganchillo y en cada una de las 4 c sig, *1 mpa en cada una de las 5 c sig, 1 pr en cada una de las 5 c sig; rep desde * hasta el final, gira.

Vuelta 2: Haz 1 c, 5 prdet (5 mpadet, 5 prdet) hasta el final, gira.

Vuelta 3: Con el primer color de contraste (CC1). Haz 1 c, 5 mpadet (5 prdet, 5 mpadet) hasta el final, gira.

Vuelta 4: 1 c, 5 mpadet (5 prdet, 5 mpadet) hasta el final, gira.

Vuelta 5: Con el segundo color de contraste (CC2), 1 c, 5 prdet (5 mpadet, 5 prdet) hasta el final, gira.

Vuelta 6: 1 c, 5 prdet (5 mpadet, 5 prdet) hasta el final, gira. Rep las vueltas 3 a 6 para formar la muestra, tejiendo 2 vueltas de cada color.

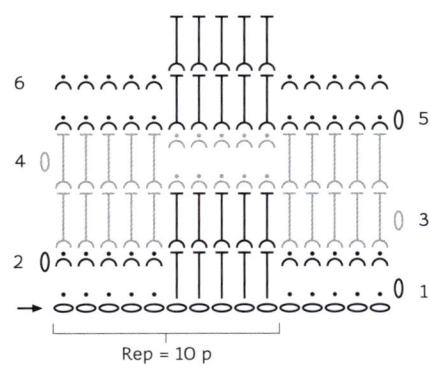

Rep = 10 p

Zigzag calado

NIVEL
Medio

CADENETA BASE
18 (+4). Se necesitan al menos 2 repeticiones (40 puntos)

ASPECTO
Reversible

Vuelta de base: Con el color principal (CP), haz 1 punto alto (pb) en la tercera cadeneta (c) desde el ganchillo y en cada c a lo largo de la vuelta, gira.

1 **Vuelta 1:** Haz 4 c (cuentan como 1 pa y 1 c) y luego 1 pa en el mismo p, *(1 c, salta el p sig, 1 pa en el p sig) 3 veces. Haz 1 c, salta el p sig y luego 2 puntos altos cerrados juntos (2 paj), insertando el ganchillo en el sig p, saltando el p sig e insertando el ganchillo en el p sig para completarlos (véase abajo), (1 c, salta el p sig, 1 pa en el p sig) 3 veces. Haz 1 c, salta el p sig, (1 pa, 3 c, 1 pa) en el p sig; rep desde *, acabando la última rep con (1 pa, 1 c, 1 pa) en el último p, y gira.
Vuelta 2: Haz 3 c (cuentan como 1 pa), 1 pa en el mismo p, 7 pa, *2paj, insertando el ganchillo en el p sig, saltando (1 esp-c, 2 paj y 1 esp-c) e insertando el ganchillo en el p sig: *en el punto siguiente teje un pa hasta el último paso, de modo que te quedarán 2 lazadas en el ganchillo.*

2 *Salta un esp-c, 2paj y un esp-c, y luego teje 1 pa hasta el último paso en el punto siguiente: tendrás 3 lazadas en el ganchillo.*

3 *Echa el hilo (eh) y sácalo por las 3 lazadas:* así se completa un menguado tejiendo 2paj. Haz 6 pa, **(2 pa 3 c, 2 pa) en un esp de 3 cadenetas, 6 pa; rep desde *, acabando la última rep en **, 1 pa en el esp-c sig, 2 pa en el último p, gira.
Vuelta 3: Con el color de contraste (CC), 4 c (cuentan como 1 pa y 1 c) y luego 1 pa en el mismo p, *(1 c, salta el p sig, 1 pa en el p sig) 3 veces, 1 c. Salta el p sig, haz 2paj insertando el ganchillo en el p sig, saltando el p sig y luego insertando el ganchillo en el p sig, (1 c, salta el p sig, 1 pa en el p sig) 3 veces, 1 c, salta el p sig (1 pa, 3 c, 1 pa en el esp de 3 cadenetas sig; rep desde *, terminando la última rep (1 pa, 1 c, 1 pa) en el último p, gira. Repite las vueltas 2 y 3, alternando 3 vueltas del CP y 1 vuelta del CC, para formar la muestra.

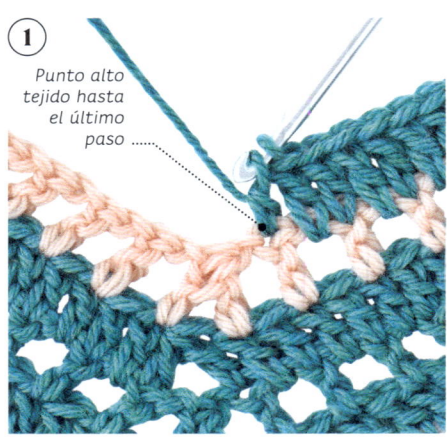

(1)

Punto alto tejido hasta el último paso

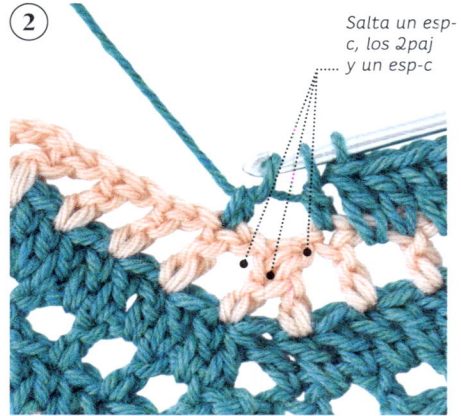

(2)

Salta un esp-c, los 2paj y un esp-c

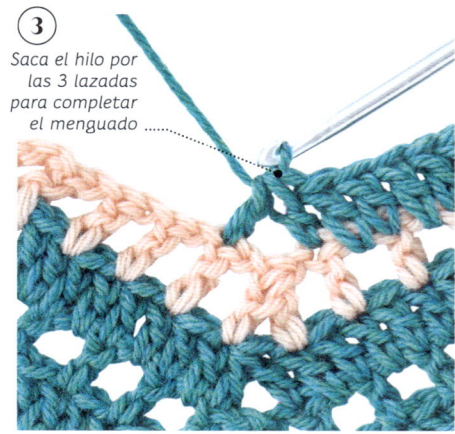

(3)

Saca el hilo por las 3 lazadas para completar el menguado

Ondas de fantasía

NIVEL
Medio

CADENETA BASE
8 (+12)

ASPECTO
Reversible

Vuelta 1: Con el color principal (CP), haz 2 puntos altos (pa) en la cuarta cadeneta (c) desde el ganchillo (las c saltadas cuentan como 1 pa), salta las 3 c sig, 1 punto bajo (pb) en la c sig, *salta las 3 c sig, 5 pa en la c sig, salta las 3 c sig, 1 pb en la c sig; rep desde * hasta las últimas 4 c, salta las 3 c sig, 3 pa en la última c, gira.

Vuelta 2: Con el primer color de contraste (CC1), haz 1 c, 1 pb en el primer p, *3 c, 5paj (véase punto especial) sobre los 5 p sig, 3 c, 1 pb en el p sig; rep desde * hasta el final, gira.

Vuelta 3: 3 c (cuentan como 1 pa), 2 pa en el primer p, salta el esp de 3 cadenetas sig, 1 pb en el p sig (parte superior de los 5paj), *salta el esp de 3 cadenetas sig, 5 pa en el p sig (el pb de la vuelta anterior), salta el esp de 3 cadenetas sig, 1 pb en el p sig; rep desde * hasta el último esp de 3 cadenetas, salta el esp de 3 cadenetas, 3 pa en el último p, gira. Rep las vueltas 2 y 3 para formar la muestra, añadiendo el CC2 en la vuelta siguiente y cambiando de color cada dos vueltas.

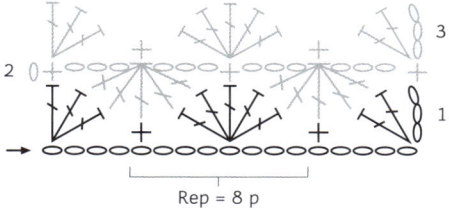

Rep = 8 p

Punto especial: 5 puntos altos cerrados juntos (5paj)

1 *Echa el hilo (eh), luego inserta el ganchillo en el punto siguiente y saca una lazada. Eh y sácalo por las 2 lazadas del ganchillo; repite desde * 5 veces: quedarán 6 lazadas en el ganchillo.

2 Eh y sácalo a través de las 6 lazadas a la vez.

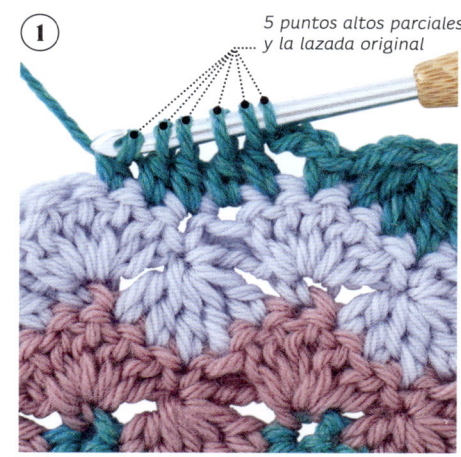

① 5 puntos altos parciales y la lazada original

② Saca el hilo por las 6 lazadas

Triángulos a punto de tapiz

NIVEL
Avanzado

CADENETA BASE
5 (+1)

ASPECTO
Reversible

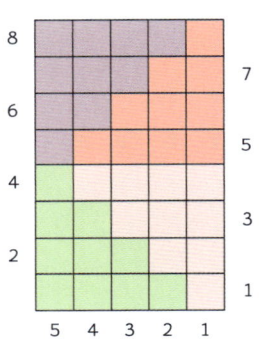

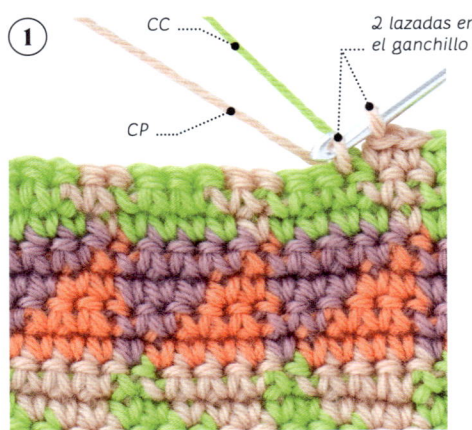

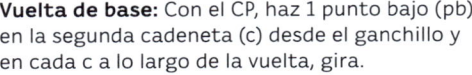

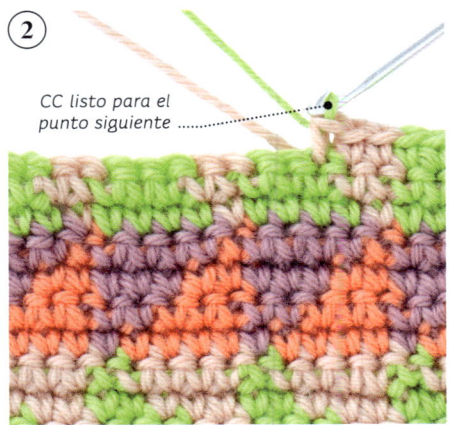

CC

CP

2 lazadas en el ganchillo

CC listo para el punto siguiente

Vuelta de base: Con el CP, haz 1 punto bajo (pb) en la segunda cadeneta (c) desde el ganchillo y en cada c a lo largo de la vuelta, gira.

1 **Vuelta 1:** Haz 1 c y luego teje a pb el resto de la vuelta siguiendo el esquema. Al cambiar de color, teje el último pb del CP hasta el paso final: tendrás 2 lazadas en el ganchillo.

2 Para cambiar al color de contraste (CC) echa el hilo (eh) del nuevo color y sácalo por las 2 lazadas del ganchillo.

3 Teje el número de puntos indicado en el esquema con el CC, trabajando alrededor del hilo del CP para llevarlo hasta donde se necesite: mantén el CP por encima de los puntos de la vuelta de abajo e inserta el ganchillo en el punto sig por debajo del hilo que no se usa. Eh para empezar el sig punto.

4 Saca una lazada a través del punto y termina el pb normalmente, encerrando en él el CP. Continúa de este modo a lo largo de la vuelta según el esquema, transportando cualquier hilo que no se utilice y cambiando de color según se requiera, siguiendo los pasos 2 a 4.
Vueltas 2 a 4: Continúa siguiendo el esquema.
Vueltas 5 a 8: Pasa a unos nuevos CP y CC, y continúa según el esquema.

Nota: Como en todos los puntos multicolores, el hilo de un nuevo color debe incorporarse en el último paso del punto anterior.

El hilo que no se usa se mantiene sobre la vuelta

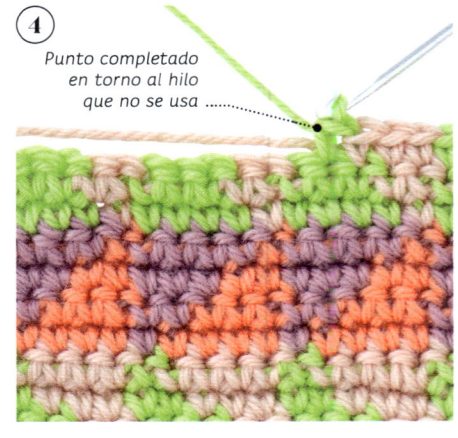

Punto completado en torno al hilo que no se usa

Cruces a punto de tapiz

NIVEL
Avanzado

CADENETA BASE
16 (+1)

ASPECTO
Reversible

Vuelta de base: Con el CP, 1 pb en la segunda c desde el ganchillo y en cada c hasta el final, gira.

Vuelta 1: 1 c, 1 pb a lo largo de la vuelta, siguiendo la vuelta 1 del esquema de cruces a punto de tapiz de abajo. Incorpora el CC en el último paso del cuarto punto y alterna los dos tonos como se indica en la vuelta 1 del esquema. Rep los puntos 2 a 12 del esquema a lo largo del tejido tantas veces como múltiplos tengas.

Vueltas 2 a 12: Sigue el esquema desde la vuelta 2 a la 12, cambiando de color donde se indica. Rep las vueltas 2 a 12 para formar una muestra.

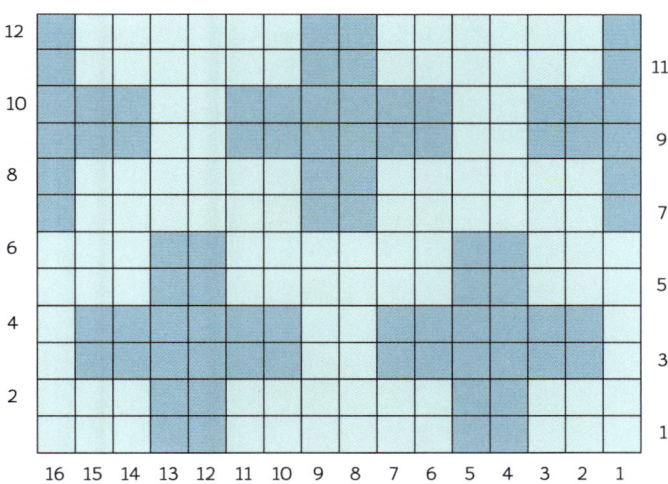

Cuadros en intarsia

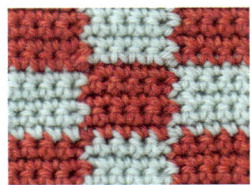

NIVEL
Avanzado

CADENETA BASE
10 (+1)

ASPECTO
Una sola cara

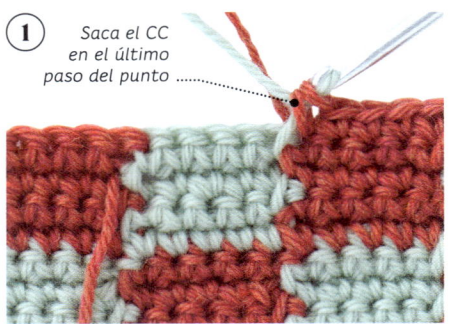

① *Saca el CC en el último paso del punto* ....

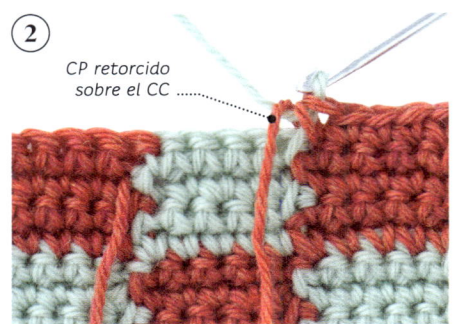

② *CP retorcido sobre el CC* ....

③ *Cabos sueltos colgando por el revés* ....

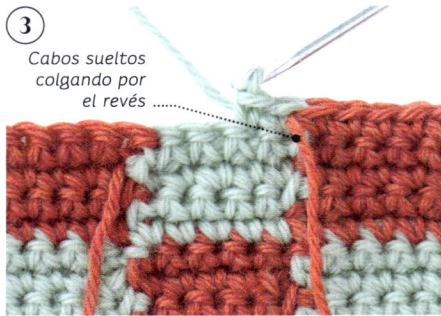

④

Vuelta de base (R): Con el color principal (CP), haz 1 punto bajo (pb) en la segunda cadeneta (c) desde el ganchillo y en cada una de las c hasta el final de la vuelta, gira.

1 Siguiendo el esquema de abajo, teje el último pb del CP hasta el paso final: quedarán 2 lazadas en el ganchillo. Luego cambia al color de contraste (CC) echando el hilo del nuevo color alrededor del ganchillo (eh) y sacándolo por las 2 lazadas.

2 Deja caer el CP por encima del CC hacia el revés (R) de la labor. Así los hilos de los dos colores se retuercen, y el CP queda en la posición necesaria para recogerlo en la vuelta siguiente.

3 Después, asegurándote de mantener los cabos sueltos por el revés de la labor (sea cual fuere el lado en el que estés trabajando), continúa tejiendo con el CC según el esquema, repitiendo desde el paso 1 (cuando tengas que cambiar de color) hasta completarlo. Repite 10 vueltas del esquema para formar la muestra.
Nota: Como en todos los puntos multicolores, el cambio de hilo para introducir un nuevo color debe hacerse en el último paso del punto anterior.

4 Cada vez que añadas un nuevo sector de color necesitarás un nuevo ovillo o carrete de hilo. Todos los carretes u ovillos deben colgar sin enredarse por el revés (R) de la labor para mantener despejado el derecho (D).

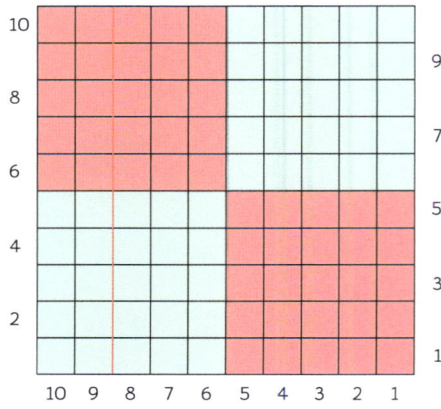

Círculo en intarsia

NIVEL
Avanzado

CADENETA BASE
22 (+1)

ASPECTO
Una sola cara

Vuelta 1 (R): Con el CP, 1 pb en la segunda c desde el ganchillo y en cada c hasta el final, gira.
Vuelta 2 (D): 1 c, 1 pb en cada pb a lo largo de la vuelta siguiendo el esquema de abajo, añadiendo un nuevo carrete de hilo cada vez que añadas un color.
Vueltas 3 a 24: Sigue el esquema de las vueltas 2 a 23, cambiando de color donde se indica.
Repite las vueltas 2 a 24 para formar la muestra.

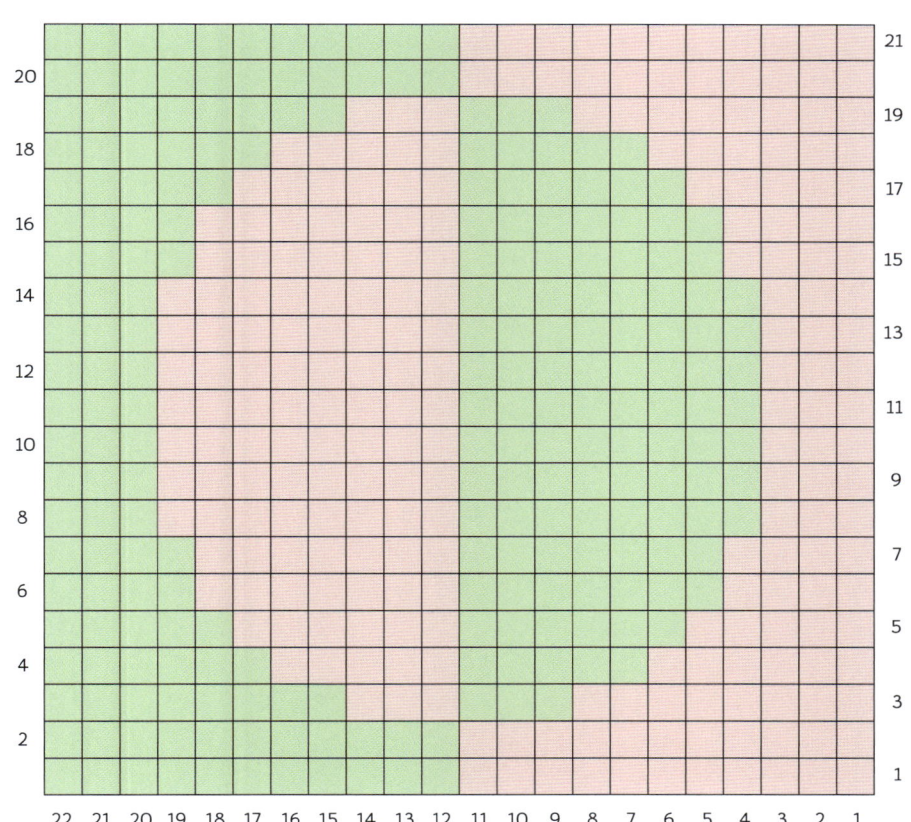

Puntos calados y encaje

Puntos calados

El encaje, o punto calado, de ganchillo cuenta con una larga tradición, especialmente el tejido con hilos de algodón finos y de colores neutros. Sin embargo, el encaje contemporáneo puede hacerse con hilos de distintos grosores, fibras y colores que permiten crear una variedad de tejidos impresionante. Los encajes y puntillas de ganchillo son fáciles de tejer porque constan principalmente de cadenetas al aire entre distintas formaciones de los puntos básicos más sencillos.

Tradicionalmente los puntos de encaje solían usarse para tapetes y ribetes de ropa de hogar, así como para delicados cuellos aplicados a blusas y jerséis lisos, pero actualmente tienen muchos más usos posibles, desde la confección de prendas de verano hasta la de bolsos de cuerda. La ligereza, transparencia y bonita caída de los delicados y casi etéreos tejidos y calados los hace adecuados para chales vaporosos, ropa infantil clásica y complementos.

Punto de malla

NIVEL
Fácil

CADENETA BASE
4 (+2)

ASPECTO
Reversible

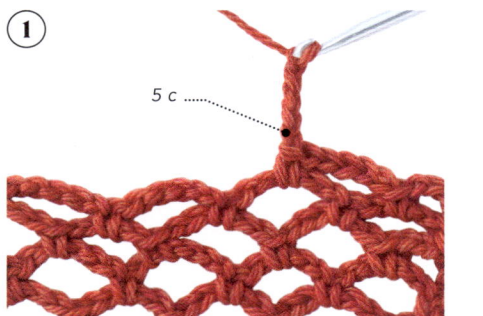

5 c

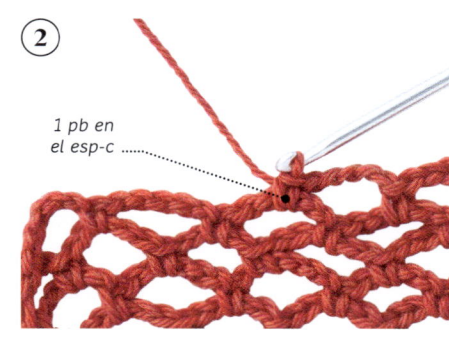

1 pb en
el esp-c

Vuelta de base: 1 punto bajo (pb) en la segunda cadeneta (c) desde el ganchillo. *Haz 5 c, salta las 3 c sig, 1 pb en la c sig: repite desde * hasta el final, gira.

1 **Vuelta 1:** Haz 5 c (cuentan como 1 punto alto y 2 c). *Haz 1 pb en el siguiente esp de 5 cadenetas y luego 5 c; repite desde * hasta el último esp de 5 cadenetas. Haz 1 pb en el último esp de 5 cadenetas, 2 c y luego 1 punto alto (pa) en el último pb, gira. **Vuelta 2:** Haz 1 c y teje 1 pb en el primer p. *Haz 5 c.

2 Inserta el ganchillo por debajo del siguiente esp de 5 cadenetas y haz 1 punto bajo (pb) en este espacio; repite desde * hasta la c de vuelta. Haz 1 pb en la tercera cadeneta de la c de vuelta y gira. Repite las vueltas 1 y 2 para formar la muestra.

Punto de red embridada

NIVEL
Fácil

CADENETA BASE
4 (+2)

ASPECTO
Reversible

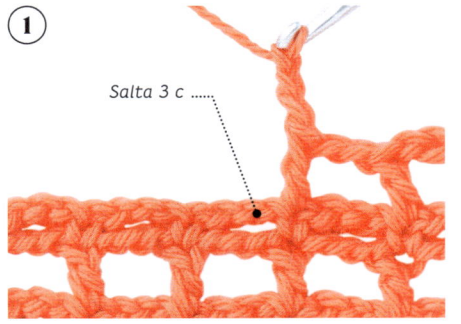

Salta 3 c

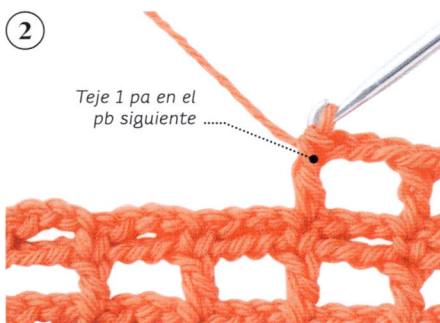

Teje 1 pa en el
pb siguiente

1 **Vuelta 1:** Haz 1 punto bajo (pb) en la segunda cadeneta (c) desde el ganchillo. *Haz 3 c, salta 3 c, haz 1 pb en la c sig; rep desde * hasta el final, gira.
Vuelta 2: Haz 6 c (cuentan como 1 pa y 3 c), salta 3 c y luego haz 1 punto alto (pa) en el pb sig. *Haz 3 c, salta 3 c.

2 1 pa en el pb sig; repite desde * hasta el final, gira. **Vuelta 3:** Haz 1 c, 1 pb en el primer p. *Haz 3 c, salta 3 c, 1 pb en el pa sig; repite desde * a lo largo de la vuelta, situando el último pb en la tercera cadeneta de la c de vuelta, y gira. Repite las vueltas 2 y 3 para formar la muestra.

Malla con piquitos

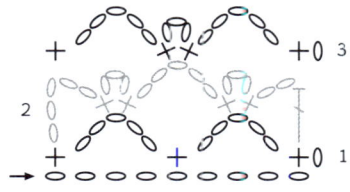

NIVEL
Fácil

CADENETA BASE
4 (+2)

ASPECTO
Reversible

Vuelta 1: Haz 1 pb en la segunda c desde el ganchillo. *5 c, salta las 3 c sig, 1 pb en la c sig; rep desde * hasta el final, gira.
Vuelta 2: 5 c (cuentan como 1 pa y 2 c), *1 piquito (véase punto especial) en la tercera c del esp de 5 cadenetas sig, 5 c; rep desde * hasta el último esp de 5 cadenetas, 1 piquito en el último esp de 5 cadenetas, 2 c, 1 pa en el último pb, gira.
Vuelta 3: 1 c, 1 pb en el primer p, *5 c, salta 1 piquito, 1 piquito en la tercera c del esp de 5 cadenetas sig; rep desde * hasta el esp-c, 5 c, 1 pb en la tercera c de la c de vuelta, gira.
Rep las vueltas 2 y 3 para formar la muestra.

Punto especial: piquito

Teje 1 punto bajo (pb) en la 3.ª de las 5 cadenetas del siguiente espacio de cadeneta (esp-c). Luego haz 3 cadenetas (c) y otro pb en la misma cadeneta que el primero.

Haz el piquito en la 3.ª c del esp-c

Red con piquitos

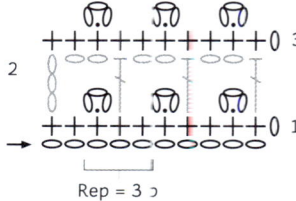

Rep = 3 c

NIVEL
Fácil

CADENETA BASE
3 (+2)

ASPECTO
Reversible

Vuelta 1: 1 pb en la segunda c desde el ganchillo, 1 pb en la c sig, *1 piquito (véase punto especial), 1 pb en cada una de las 3 c sig; rep desde * hasta las 2 últimas c, 1 piquito, 1 pb en cada una de las 2 c rest, gira.
Vuelta 2: 5 c (cuentan como 1 pa y 2 c), salta (1 pb, 1 piquito, 1 pb), 1 pa en el pb sig, *2 c, salta (1 pb, 1 piquito, 1 pb), 1 pa en el pb sig; rep desde * hasta el final, gira.
Vuelta 3: 1 c, 1 pb en el primer p, *(1 pb, 1 piquito, 1 pb) en el esp de 2 cadenetas sig, 1 pb en el pa sig; rep desde * hasta la c de vuelta, 1 pb en la tercera c de la c de vuelta, gira.
Repite las vueltas 2 y 3 para formar la muestra.

Punto especial: piquito

Haz 3 cadenetas (c) y luego teje 1 punto raso (pr) en la primera de ellas.

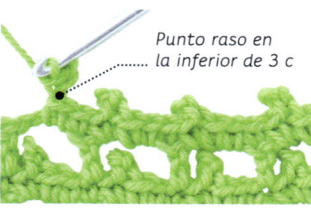

Punto raso en la inferior de 3 c

Malla con conchas

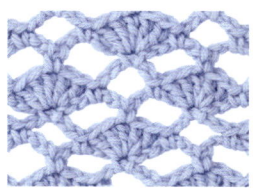

NIVEL
Fácil

CADENETA BASE
12 (+16)

ASPECTO
Reversible

Vuelta de base: 2 puntos altos (pa) en la cuarta cadeneta (c) desde el ganchillo. *Salta 2 c, 1 punto bajo (pb) en la c sig, 5 c, salta 5 c, luego teje 1 pb en la c sig, salta 2 pb y teje 5 pa en la c sig (una concha); rep desde *, acabando la última rep con solo 3 pa en la última c, gira.

1 Vuelta 1: Haz 1 c y luego 1 pb en el primer p. *Haz 5 c y 1 pb en el esp de 5 cadenetas sig. Haz 5 c y 1 pb en el tercer pa de la concha sig; rep desde * hasta el final y gira. **Vuelta 2:** Haz 5 c (cuentan como 1 pa y 2 c), inserta el ganchillo en el esp de 5 cadenetas sig y teje en él 1 pb.

2 Haz 1 concha en el pb sig y luego 1 pb en el esp de 5 cadenetas sig. *Haz 5 c, 1 pb en el esp de 5 cadenetas sig, 1 concha en el pb sig, 1 pb en el esp de 5 cadenetas sig; rep desde * hasta el último esp-c. Haz 2 c y luego 1 pa en el último p, gira. **Vuelta 3:** Haz 1 c y teje 1 pb en el primer p, *5 c, 1 pb en el tercer pa de la concha sig, 5 c, 1 pb en el esp de 5 cadenetas sig; rep desde *, acabando con 1 pb en la tercera c de la c de vuelta, gira. **Vuelta 4:** Haz 3 c (cuentan como 1 pa) y teje 2 pa en el primer p. *1 pb en el esp de 5 cadenetas sig, 5 c, 1 pb en el esp de 5 cadenetas sig, 1 concha en el pb sig; rep desde * a lo largo de la vuelta, acabando la última rep con solo 3 pa en el último p, gira.
Rep las vueltas 1 a 4 para formar la muestra.

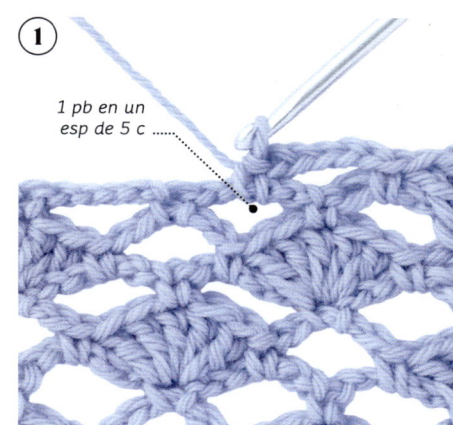

1 pb en un esp de 5 c ......

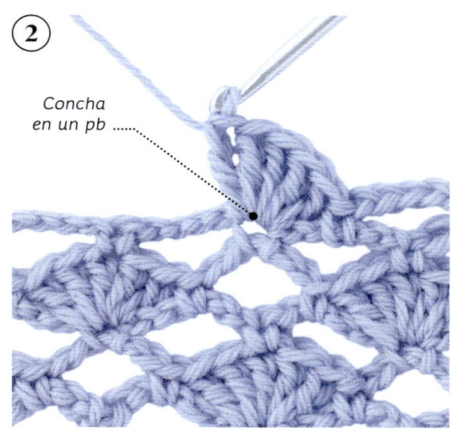

Concha en un pb ......

Malla con abanicos

NIVEL
Fácil

CADENETA BASE
12 (+14)

ASPECTO
Reversible

Vuelta 1: 1 pb en la 2.ª c desde el ganchillo, *5 c, salta 2 c, 1 pb en la c sig; rep desde * hasta el final, gira. **Vuelta 2:** 5 c (cuentan como 1 pa y 2 c), 1 pb en el esp de 5 c sig, 7 pa en el esp de 5 c sig, 1 pb en el esp de 5 c sig, *5 c, 1 pb en el esp de 5 c sig, 7 pa en el esp de 5 c sig, 1 pb en el esp de 5 c sig; rep desde * hasta el último esp-c, 1 pad en el último p, gira.
Vuelta 3: 1 c y 1 pb en el primer p, 5 c, 1 pb en el segundo de los 7 pa sig, 5 c, 1 pb en el sexto pa del mismo grupo, **5 c, 1 pa en esp de 5 c sig; rep desde *, acabando la última rep en **, 5 c, 1 pb en la 3.ª c de la c de vuelta, gira. Rep las vueltas 2 y 3.

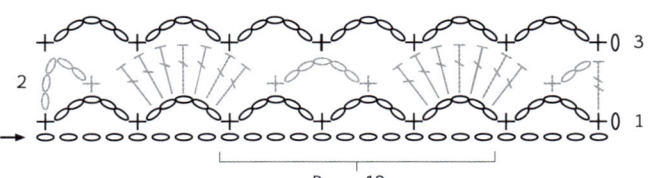

Rep = 12 p

121

Cadenetas con piquitos

NIVEL
Fácil

CADENETA BASE
6 (+13)

ASPECTO
Reversible

Vuelta 1: Haz 1 piquito (véase punto especial) en la decimotercera c desde el ganchillo (las c saltadas cuentan como 5 c, 1 mpa y 5 c), *5 c, salta 5 c, 1 piquito en la c sig; rep desde * hasta las 6 últimas c, 5c, salta 5 c, 1 mpa en la última c, gira.
Vuelta 2: 7 c (cuentan como 1 mpa y 5 c), *salta 5 c, 1 piquito en el esp de 3 c del piquito sig, 5 c; rep desde * hasta la c de vuelta, 1 mpa en la séptima c de la c de vuelta, gira.
Vuelta 3: 7 c (cuentan como 1 mpa y 5 c), *salta 5 c, 1 piquito en el esp de 3 c del piquito sig, 5 c; rep desde * hasta la c de vuelta, 1 mpa en la segunda c de la c de vuelta, gira. Rep la vuelta 3 para formar la muestra.

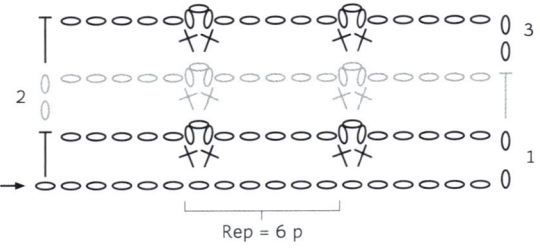

Rep = 6 p

Punto especial: piquito

1 Haz 1 punto bajo (pb) en la cadeneta (c) indicada o espacio de 3 cadenetas.

2 Haz 3 cadenetas.

3 Finalmente, haz otro punto bajo en la misma cadeneta o espacio de cadeneta que el primero.

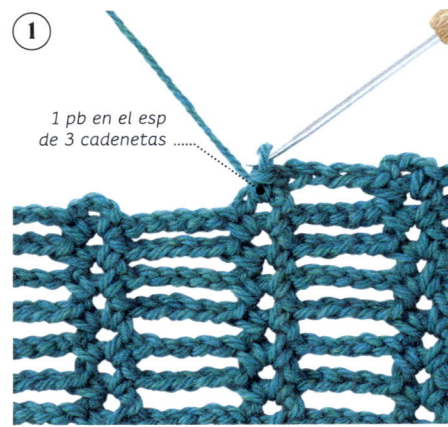

1 pb en el esp de 3 cadenetas ......

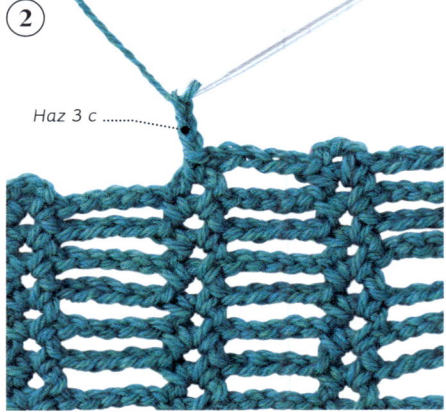

Haz 3 c ....

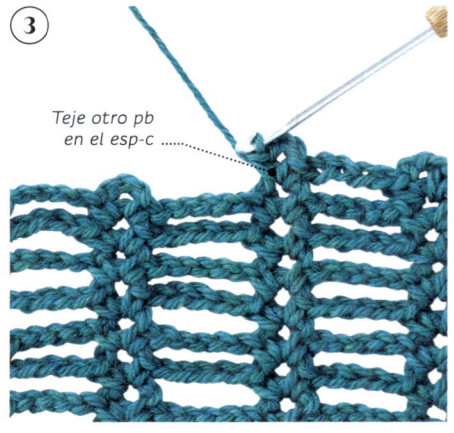

Teje otro pb en el esp-c ......

Punto de rejilla

Vuelta 1: 1 pb en la 2.ª c desde el ganchillo, 1 pb en la c sig, *2 c, salta 2 c, 1 pb en cada una de las 2 c sig; rep desde * hasta el final, gira.
Vuelta 2: 3 c (cuentan como 1 pa), 1 pa en el p sig, (2 c, 1 pa en cada uno de los 2 pa sig) hasta el final, gira.
Vuelta 3: 1 c, 1 pb en cada uno de los 2 primeros p, (2 c, 1 pb en cada uno de los 2 pa sig) hasta el final, gira. Rep las vueltas 2 y 3 para formar la muestra.

NIVEL
Fácil

CADENETA BASE
4 (+3)

ASPECTO
Reversible

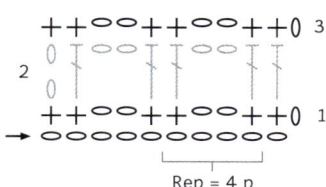

Escaleras

Vuelta 1: 1 pa en la 4.ª c desde el ganchillo (las c saltadas cuentan como 1 pa), 1 pa en la c sig, *2 c, salta 2 c, 1 pa en cada una de las 3 c sig; rep desde * hasta el final, gira.
Vuelta 2: 3 c (cuentan como 1 pa), 1 pa en cada una de las 2 c sig, (2 c, 3 pa) hasta el final, gira. Rep la vuelta 2 para formar la muestra.

NIVEL
Fácil

CADENETA BASE
5

ASPECTO
Reversible

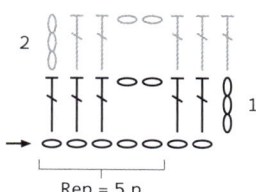

Abanicos y estrellas

Vuelta 1: 1 pa en la 5.ª c desde el ganchillo (las c saltadas cuentan como 1 pa y 1 c), *2 c, salta 2 c, 1 pb en la c sig, 2 c, salta 2 c, (1 pa, 1 c, 1 pa) en la c sig (así se hace 1 p en V); rep desde * hasta el final, gira.
Vuelta 2: 1 c, 1 pb en el primer p, *2 c, 1 VD (véase punto especial) en el pb sig, 2 c, 1 pb en el p en V sig; rep desde * hasta el final, gira.
Vuelta 3: 4 c (cuentan como 1 pa y 1 c), 1 pa en el primer pb, *2 c, 1 pb en el VD sig, 2 c, 1 p en V en el pb sig; rep desde * hasta el final. Rep las vueltas 2 y 3 para formar la muestra.

NIVEL
Fácil

CADENETA BASE
6 (+5)

ASPECTO
Reversible

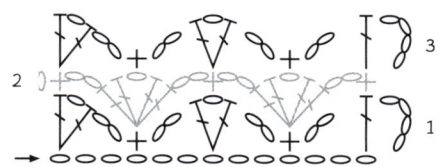

Punto especial: punto en V doble (VD)

Teje 2 pa, 1 c y 2 pa en el punto siguiente. Al trabajar sobre un VD se teje en el espacio de la cadeneta.

Encaje de tulipán

Vuelta 1: Teje (4 pa, 2 c, 1 pa) en la séptima c desde el ganchillo (las c saltadas cuentan como 3 c y 1 pa), *salta 3 c, (4 pa, 2 c, 1 pa) en la c sig; rep desde * hasta las 3 últimas c, salta 2 c, 1 pa en la última c, gira.
Vuelta 2: 3 c (cuentan como 1 pa), teje (4 pa, 2 c, 1 pa) en cada esp de 2 cadenetas a lo largo de la vuelta, 1 pa en la c de vuelta, gira.
Rep la vuelta 1 para formar la muestra.

NIVEL
Fácil

CADENETA BASE
4 (+6)

ASPECTO
Reversible

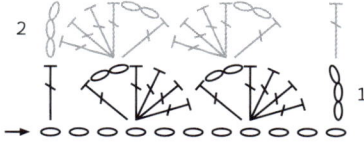

Encaje de abanicos

NIVEL
Medio

CADENETA BASE
12 (+4)

ASPECTO
Reversible

Vuelta 1: 3 pa en la 4.ª c desde el ganchillo (las c saltadas cuentan como 1 pa), *5 c. salta 5 c; 1 pb en la c sig, 5 c, salta 5 c, 7 pa en la c sig; rep desde *, acabando con 4 pa en la última c en vez de 7 pa, gira.

Vuelta 2: 3 c (cuentan como 1 pa), 1 pa en el pa sig, 1 c, salta el pa sig, 1 pa en el pa sig, *3 c, 1 pb en el pb sig, 3 c, **1 pa en el primero de los 7 pa, (1 pa, salta el pa sig, 1 pa en el pa sig) 3 veces; rep desde *, acabando la última rep en **, 1 pa en el primero de 4 pa, 1 c, salta el pa sig, 1 pa en el pa sig, 1 pa en el último pa, gira.

Vuelta 3: 3 c (cuentan como 1 pa), 1 pa en el pa sig, 1 pa en el esp de 1 c, 1 pa en el pa sig, *3 c, 1 pb en el pb sig, 3 c, 1 pa en el pa sig, ** (1 pa en el esp-c, 1 pa en el pa sig) 3 veces; rep desde *, acabando la última rep en **, 1 pa en el esp-c, 1 pa en cada uno de 2 últimos p, gira.

Vuelta 4: 1 c, 1 pb en cada uno de los 4 pa sig, 5 c. *Salta (1 esp-c, 1 pb, 1 esp-c), 1 pb en el pa sig y en cada uno de los 6 pa sig, 5 c; rep desde * hasta los 4 últimos p, 1 pb en cada uno de los 4 últimos p, gira.

Vuelta 5: 1 c, 1 pb en el primer p, 5 c, 7 pa en el esp de 5 cadenetas sig, 5 c, *1 pb en el pb central de los 7 pb sig, 5 c, 7 pa en el sig esp de 5 cadenetas, 5 c; rep desde * hasta los 4 últimos p, salta los 3 p s g, 1 pb en el último p, gira.

Vuelta 6: 1 c, 1 pb en el primer p, 3 c, 1 pa en el primero de los 7 pa, (1 c, salta el pa sig, 1 pa en el pa sig) 3 veces. *3 c, 1 pb en el pb sig, 3 c, 1 pa en el primero de los 7 pa (1 c, salta el pa sig, 1 pa en el pa sig) 3 veces; rep desde * hasta el último esp de 3 cadenetas, 3 c, 1 pb en el último p, gira.

Vuelta 7: 1 c, 1 pb en el primer p, *3 c, 1 pa en el pa sig, (1 pa en el esp-c, 1 pa en el pa sig) 3 veces, 3 c **, 1 pb en el pb sig; rep desde *, acabando la última rep en **, 1 pb en el último p, gira.

Vuelta 8: 5 c (cuentan como 1 pa y 2 c), 1 pb en el pa sig y en cada uno de los 6 pa sig, *5 c, 1 pb en el pa sig y en cada uno de los 6 pa sig; rep desde * hasta el final, 2 c, 1 pa en el último p, gira.

Vuelta 9: 3 c (cuentan como 1 pa), 3 pa en el esp-c sig, 5 c, 1 pb en el central de los 7 pb sig, 5 c, *7 pa en el esp de 5 cadenetas sig, 5 c, 1 pb en el central de los 7 pb sig, 5 c; rep desde *, acabando con 4 pa en el último esp-c, gira.

Repite las vueltas 2 a 9 para formar la muestra.

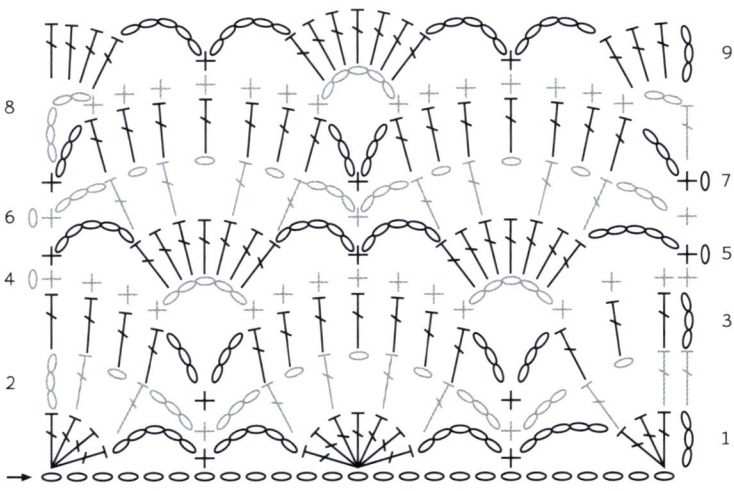

Punto de araña

NIVEL
Medio

CADENETA BASE
10 (+5)

ASPECTO
Reversible

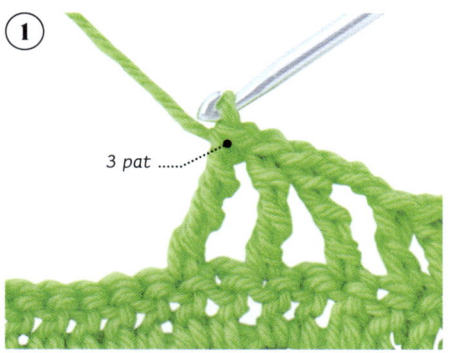

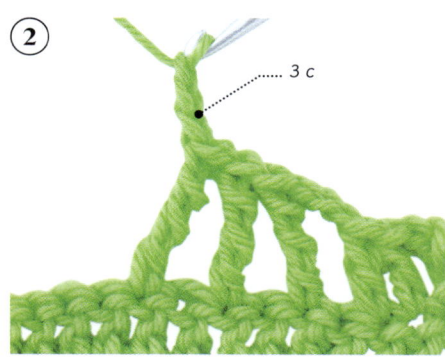

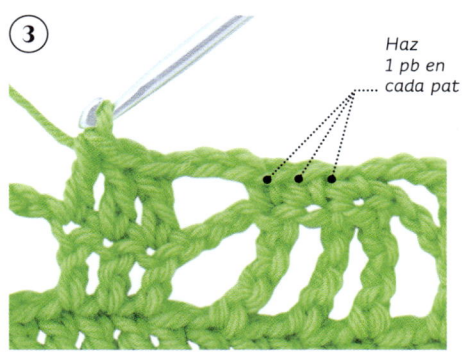

Vuelta de base: 1 punto alto (pa) en la cuarta cadeneta (c) desde el ganchillo (las cadenetas saltadas cuentan como 1 pa) y cada c hasta el final, gira.

1 **Vuelta 1:** Haz 3 c (cuentan como 1 pa en esta vuelta y en las restantes) y luego 1 pa en cada uno de los 2 pa sig. *Haz 3 c, (salta el pa sig y teje 1 punto alto triple [pat] en el pa sig) 3 veces.

2 A continuación haz 3 c, salta el pa sig y teje 1 pa en cada uno de los 3 pa sig; repite desde * hasta el final.

3 **Vuelta 2:** Haz 3 c y teje 1 pa en cada uno de los 2 pa sig, *1 c, salta el esp de 3 cadenetas, teje 1 punto bajo (pb) en cada uno de los 3 p sig, 1 c, salta el esp de 3 cadenetas sig y teje 3 pa; repite desde * hasta el final de la vuelta y gira.

4 **Vuelta 3:** Haz 3 c y teje 1 pa en cada uno de los 2 pa sig. *Haz 3 c, luego salta un esp de 1 cadeneta, teje 3 pb, 3 c, salta un esp de 1 cadeneta y teje 3 pa; repite desde * hasta el final de la vuelta y gira. **Vuelta 4:** Haz 3 c y teje 1 pa en cada uno de los 2 pa sig. *Haz 1 c, salta el esp-c sig, (teje 1 pat en el p sig y luego haz una c) 3 veces, salta un esp-c y teje 3 pa; repite desde * hasta el final y gira. **Vuelta 5:** Haz 1 c y luego 1 pa en cada punto y espacio de cadeneta a lo largo de la vuelta, y gira. Repite las vueltas 1 a 5 para formar la muestra.

Punto de hoja

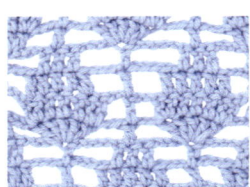

NIVEL
Medio

CADENETA BASE
10 (+14)

ASPECTO
Reversible

Vuelta 1: Teje 2 pa en la 4.ª c desde el ganchillo, 3 c, salta 4 c, 1 pa en la c sig, 3 c, salta 4 c, *5 pa en la c sig, 3 c, salta 4 c, 1 pa en la c sig, 3 c, salta 4 c; rep desde * hasta la última c, 3 pa en la última c, gira.

Vuelta 2: 3 c (cuentan como 1 pa), 1 pa en el sig, 2 pa en el pa sig, 2 c, 1 pa en el pa sig, 2 c, *2 pa en el pa sig, 3 pa, 2 pa en el pa sig, 2 c, 1 pa en el pa sig, 2 c; rep desde * hasta los 3 últimos p, 2 pa en el pa sig, 1 pa en cada uno de los 2 últimos pa, gira.

Vuelta 3: 3 c (cuentan como 1 pa), 1 pa en cada uno de los 2 pa sig, 3 c, salta el pa sig, 1 pa en el pa sig, 3 c, salta el pa sig, *5 pa, 3 c, salta el pa sig, 1 pa en el pa sig, 3 c, salta el pa sig; rep desde * hasta los 3 últimos pa, 1 pa en cada uno de 3 últimos, pa, gira.

Vuelta 4: 3 c (cuentan como 1 pa), 1 pa en el pa sig, 4 c, salta el pa sig, 1 pa en el pa sig, 4 c, salta el pa sig, *3 pa, 4 c, salta el pa sig, 1 pa en el pa sig, 4 c, salta el pa sig; rep desde * hasta los 2 últimos pa, 1 pa en cada uno de los 2 últimos pa, gira.

Vuelta 5: 6 c (cuentan como 1 pa y 3 c), salta el pa sig, 5 pa en el pa sig, 3 c, *salta el pa sig,

1 pa en el pa sig, 3 c, salta el pa sig, 5 pa en el pa sig, 3 c; rep desde * hasta los 2 últimos pa, salta el pa sig, 1 pa en el último pa, gira.

Vuelta 6: 5 c (cuentan como 1 pa y 2 c), salta un esp de 3 cadenetas, 2 pa en el pa sig, 3 pa, 2 pa en el pa sig, 2 c, *1 pa en el pa sig, 2 c, 2 pa en el pa sig, 3 pa, 2 pa en el pa sig, 2 c; rep desde * hasta la c de vuelta, 1 pa en la 3.ª c de la c de vuelta, gira.

Vuelta 7: 6 c (cuentan como 1 pa y 3 c), salta un esp de 2 cadenetas y 1 pa, 5 pa, 3 c, salta 1 pa, *1 pa en el pa sig, 3 c, salta 1 pa, 5 pa, 3 c; rep desde * hasta la c de vuelta, 1 pa en la 3.ª c de la c de vuelta, gira.

Vuelta 8: 7 c (cuentan como 1 pa y 4 c), salta un esp de 3 cadenetas y 1 pa, 3 pa, 4 c, *salta 1 pa, 1 pa en el pa sig, 4 c, salta 1 pa, 3 pa, 4 c, salta 1 pa; rep desde * hasta la c de vuelta, 1 pa en la 3.ª c de la c de vuelta, gira.

Vuelta 9: 3 c (cuentan como 1 pa), 2 pa en el mismo p, 3 c, salta 1 pa, 1 pa en el pa sig, 3 c, salta 1 pa, *5 pa en el pa sig , 3 c, salta 1 pa, 1 pa en el pa sig, 3 c, salta 1 pa; rep desde * hasta el último esp-c, 3 pa en la 3.ª c de la c de vuelta, gira. Rep las vueltas 2 a 9. Acaba la rep del motivo con una vuelta 8.

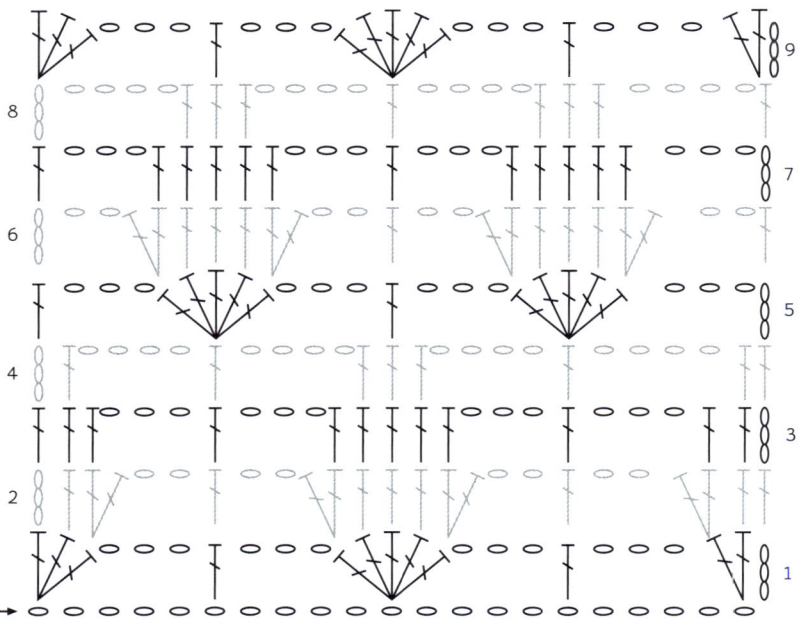

Nudo de Salomón

NIVEL
Fácil

CADENETA BASE
2 nSb +1 nS

ASPECTO
Reversible

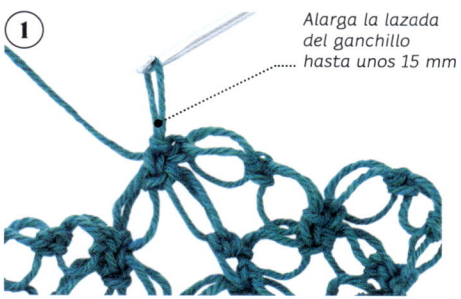

Alarga la lazada del ganchillo hasta unos 15 mm

Saca una lazada normal a través de la larga

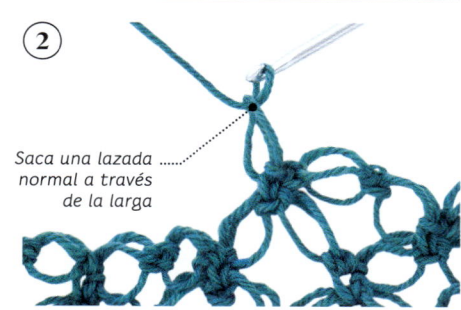

Hebra posterior (izquierda)

Vuelta 1: Haz 2 c, 1 pb en la 2.ª c desde el ganchillo y nudos de Salomón de borde (nSb, véase punto especial) en múltiplos de 2 hasta la longitud requerida, acabando con un nudo de Salomón (nS, véase punto especial).

Vuelta 2: 1 pb en el pb de entre las 3.ª y 4.ª hebras de nSb desde el ganchillo, * 2 nS, salta 2 hebras de nSb, 1 pb en el pb sig; rep desde * hasta el final, gira.

Vuelta 3: 2 nSb, 1 nS, 1 pb en el pb de entre las 4.ª y 5.ª hebras de nS desde el ganchillo, *2 nS, salta 2 hebras de nS, 1 pb en el pb sig; rep desde * hasta el final y gira. Rep la vuelta 3.

Puntos especiales: nudo de Salomón (nS)

1 Haz 1 cadeneta (c) y alarga la lazada hasta unos 15 mm.

2 Echa el hilo (eh) y saca una lazada normal a través de la alargada.

3 Inserta el ganchillo por la hebra posterior (izquierda) de las 3 que hay bajo el ganchillo.

4 Haz un punto bajo (pb) normal para completar el nudo de Salomón.

5 Para tejer en un punto de nudo de Salomón, inserta el ganchillo en el pb que pertenece al punto.

Nudo de Salomón de borde (nSb)

Se hace igual que el nudo de Salomón (nS), pero mide un tercio menos que este (unos 10 mm) y solo se hace en el borde del tejido.

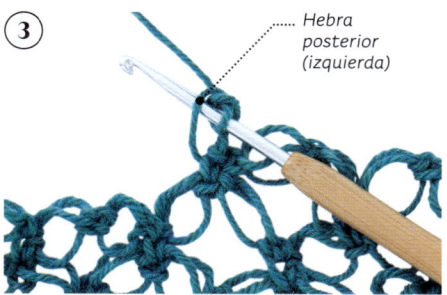

Pb normal

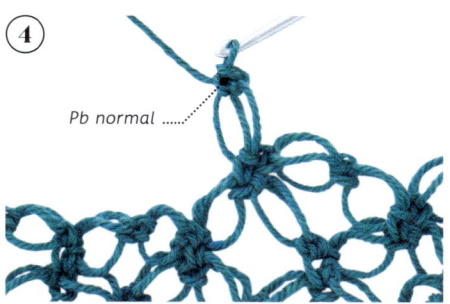

Pb del nS de abajo

Punto de red

Una técnica ancestral que se ha integrado perfectamente en el ganchillo actual es la del punto de red (o punto filet), fácil de tejer y con una estructura muy rígida. Los motivos se obtienen mediante una retícula de «casillas» llenas y vacías creada con puntos altos y cadenetas. Cuando hayas aprendido a tejer esta simple estructura te bastará con seguir un sencillo esquema para crear una infinidad de bonitos motivos.

Cada diseño de punto de red consta de cuadraditos creados en la malla básica (p. 129). Una vez domines esta, prueba a tejer diseños combinando cuadrados de malla vacíos y llenos (p. 130) según las instrucciones y los esquemas de las páginas siguientes o según tu propio diseño para crear originales letras, figuras e incluso paisajes. El encaje y las puntillas a punto de red son ideales para cenefas, manteles, colchas y, una de sus aplicaciones más tradicionales, visillos.

Malla básica de punto de red

NIVEL
Fácil

CADENETA BASE
3 (+5)

ASPECTO
Reversible

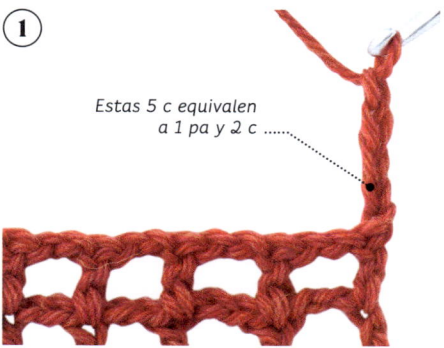

Estas 5 c equivalen a 1 pa y 2 c

Vuelta 1: 1 pa en la 8.ª c desde el ganchillo (las c saltadas cuentan como 2 c, 1 pa y 2 c), * 2 c, salta las 2 c sig, 1 pa en la c sig; rep desde * hasta el final, gira.

Vuelta 2: 5 c (cuentan como 1 pa y 2 c), salta el esp-c sig, *1 pa en el pa sig, 2 c, salta el esp-c sig; rep desde * hasta la c de vuelta, haz 1 pa en la 3.ª de la c de vuelta y gira. Rep la vuelta 2 para formar la muestra.

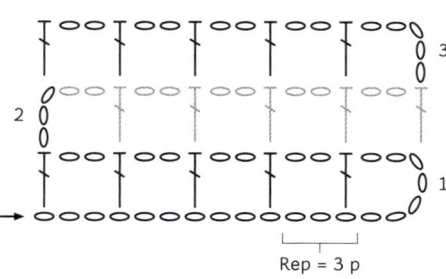

Rep = 3 p

Punto especial: cuadrados de malla

En el punto de red, cada cuadrado de malla (abierto o vacío) se forma con 3 puntos: 1 punto alto (pa) y 2 c.

1 Para empezar una vuelta con un cuadrado de malla, haz 5 cadenetas (que cuentan como primer pa y 2 c).

2 Salta el siguiente espacio de cadeneta (esp-c) y teje 1 pa en el siguiente pa. Así se completa el primer cuadrado de malla.

3 Para crear un cuadrado de malla en medio de una vuelta, haz 2 c.

4 Salta el siguiente espacio de cadeneta (esp-c) y luego teje 1 pa en el pa siguiente.

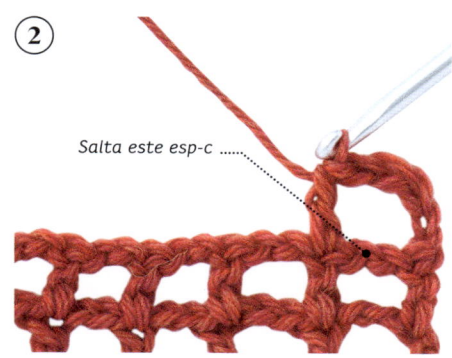

Salta este esp-c

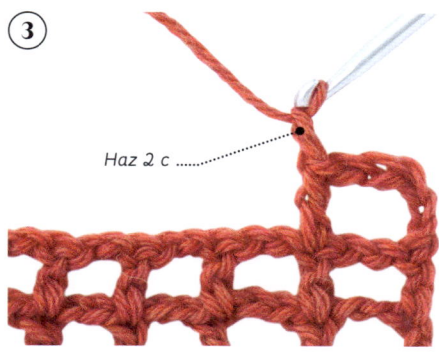

Haz 2 c

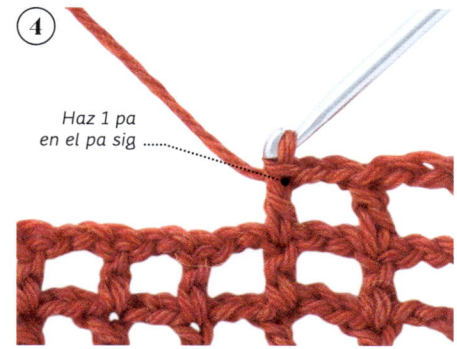

Haz 1 pa en el pa sig

Punto de red con flores

NIVEL
Medio

CADENETA BASE
18 (+8)

ASPECTO
Reversible

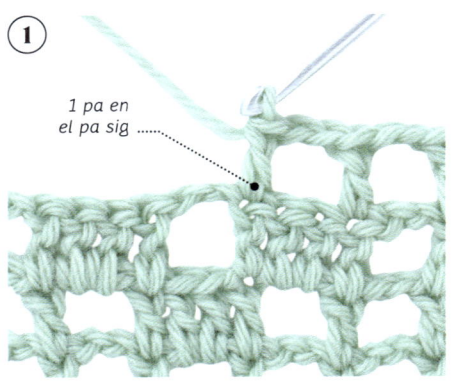

① 1 pa en
el pa sig

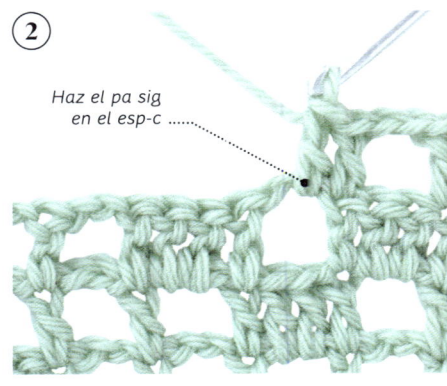

② Haz el pa sig
en el esp-c

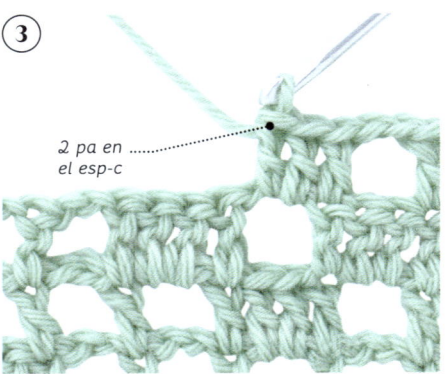

③ 2 pa en
el esp-c

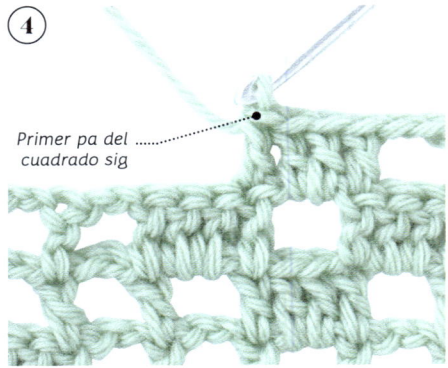

④ Primer pa del
cuadrado sig

Punto especial: cuadrados llenos

1 Cada cuadrado de malla lleno se forma con tres puntos, como el cuadrado vacío (p. 129), sustituyendo el espacio de cadeneta (esp-c) por dos puntos altos (pa) para llenarlo. Si el cuadrado lleno se teje sobre uno vacío, los pa pueden insertarse en el esp-c de la siguiente manera:

2 Inserta el ganchillo en el esp de 2 cadenetas siguiente y teje 1 pa.

3 Haz un pa más en el mismo esp-c para completar el cuadrado lleno.

4 El primer punto alto del siguiente cuadrado cerrará el cuadrado que acabas de tejer.

Para hacer la muestra teje un número de c múltiplo de 18 (+8) y sigue el esquema de abajo. Haz el primer punto alto (pa) en la octava c desde el ganchillo para crear el primer cuadrado de malla y luego crea el dibujo tejiendo cuadrados de malla según las instrucciones de la p. 129 y cuadrados llenos como se explica a la izquierda.

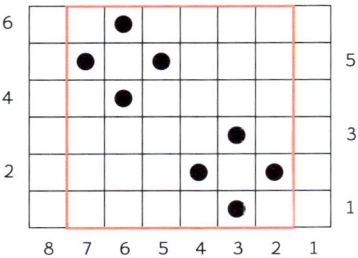

Punto de red con triángulos

NIVEL
Medio

CADENETA BASE
18 (+5)

ASPECTO
Reversible

Para hacer la muestra teje un número de c múltiplo de 18 (+5) y sigue el esquema de abajo. Haz el primer punto alto (pa) en la octava c desde el ganchillo para crear el primer cuadrado de malla y luego crea el dibujo tejiendo cuadrados de malla según las instrucciones de la p. 129 y cuadrados llenos como se explica en la p. 130. Para tejer cuadrados llenos sobre cuadrados llenos se requiere una técnica ligeramente diferente.

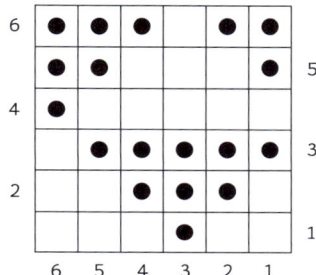

Cómo tejer un cuadrado lleno sobre otro

1 Haz el primer pa en el primer pa del cuadrado de abajo como de costumbre.

2 Luego haz 1 pa en cada uno de los 2 pa sig para completar el cuadrado lleno.

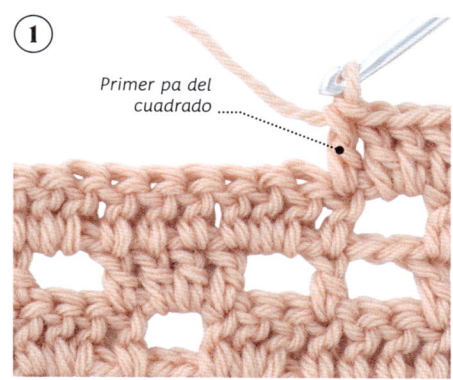

1 *Primer pa del cuadrado*

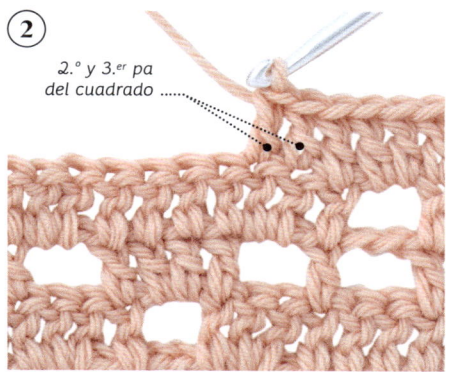

2 *2.º y 3.er pa del cuadrado*

Malla de fantasía

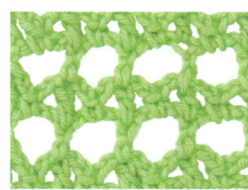

NIVEL
Fácil

CADENETA BASE
4 (+6)

ASPECTO
Reversible

Vuelta 1: 1 pa en la 10.ª c desde el ganchillo, *3 c, salta 3 c, 1 pa en la c sig; rep desde * hasta el final, gira.
Vuelta 2: 5 c (cuentan como 1 pa y 2 c), 1 pb en el esp-c, 2 c, *1 pa en el pa sig, 2 c, 1 pb en el esp-c , 2 c; rep desde * hasta el final, haz 1 pa en la 3.ª c de la c de vuelta y gira.
Vuelta 3: 6 c (cuentan como 1 pa y 3 c), salta (2 c, 1 pb, 2 c), *1 pa en el pa sig, 3 c, salta (2 c, 1 pb, 2 c); rep desde * hasta la c de vuelta, 1 pa en la 3.ª c de la c de vuelta, gira.
Repite las vueltas 2 y 3 para formar la muestra.

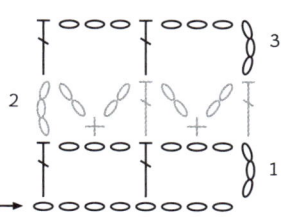

Cuadrados decorativos

Esta técnica se usa a veces en el punto de red para llenar un cuadrado de una manera más decorativa. La base sigue siendo la típica malla, pero en vez de llenar los cuadrados del todo, se teje en su interior un punto bajo y cadenetas para darles un aire de encaje más atractivo.

Punto peruano

NIVEL
Avanzado

CADENETA BASE
5

ASPECTO
Reversible, pero las dos caras son muy diferentes

EQUIPO ADICIONAL
Aguja de hacer punto extragruesa (de 20-25 mm aproximadamente)

(1)

...... Lazada alargada

(2)

Asegúrate de que la lazada sea lo bastante grande para la aguja ......

(3)

Todas las lazadas se han pasado ..... a la aguja

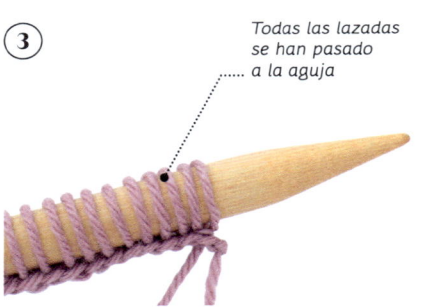

(4)

Inserta el ganchillo a través de 5 lazadas a la vez .....

(5)

1 c para sujetar las lazadas ......

(6)

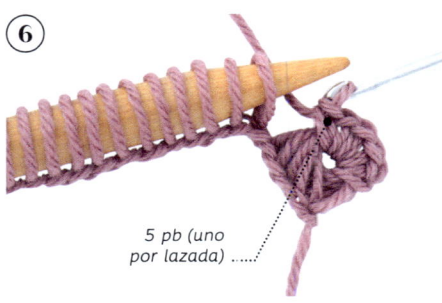

5 pb (uno por lazada) .....

(7)

Todas las lazadas ..... quedan envueltas

(8)

Saca una lazada por el punto siguiente

1 Haz una cadeneta base como de costumbre, con un número de cadenetas (c) igual al de los puntos deseados. Alarga la última cadeneta estirándola hacia arriba con el ganchillo y coloca la lazada agrandada en la aguja de punto (o «palo de escoba», véase abajo).

2 Inserta el ganchillo en la c siguiente y estira y agranda la lazada. Coloca la lazada en la aguja.

3 Repite el paso 2 hasta haber sacado una lazada por cada c y haber pasado todas las lazadas a la aguja.

4 Pasa el ganchillo de derecha a izquierda por el primer grupo de 5 lazadas y saca estas de la aguja.

5 Echa el hilo (eh) y sácalo a través de todas las lazadas del ganchillo. Haz 1 c para sujetarlas juntas.

6 Teje 5 puntos bajos (pb) en el agujero central del grupo de lazadas.

7 Continúa de esta manera hasta haber tejido en todas las lazadas. Así se completa la primera vuelta de encaje a punto peruano.

8 Para tejer una vuelta de encaje a punto peruano sobre una vuelta de puntos (en vez de a partir de una cadeneta base), estira la primera lazada de la nueva vuelta, que ya está en el ganchillo, y colócala en la aguja de punto. *Inserta el ganchillo por debajo de ambas hebras del punto siguiente a lo largo de la vuelta y saca una lazada para pasarla a la aguja. Repite desde * hasta haber sacado una lazada por cada punto. Sigue los pasos 4 a 7 para completar la vuelta.

Nota: Puedes usar cualquier múltiplo de puntos para los grupos de lazadas. Cuando trabajes en las lazadas, asegúrate de añadir tantos pb en el grupo (véase el paso 6) como lazadas tengas.

El método del palo de escoba

Originalmente el punto peruano se tejía usando el palo de una escoba para crear los grandes agujeros formados por las lazadas estiradas, de ahí que también se le llame punto de escoba, o de palo de escoba. Hoy en día se utilizan un ganchillo normal y una aguja de hacer punto extragruesa. Existen muchas maneras de sostener el «palo» mientras se trabaja: algunas personas lo sujetan bajo un brazo, entre las rodillas o en la cadera. Prueba para ver cual te resulta más cómoda.

Rayas a punto peruano

Combinando vueltas caladas de punto peruano con vueltas de puntos más sencillos y densos puedes crear un tejido a rayas impactante, sobre todo si tejes las rayas en distintos colores. Este diseño, por ejemplo, alterna vueltas a punto peruano y vueltas a medio punto alto (mpa) de

colores contrastados. Para tejerlo, empieza con una cadeneta de un múltiplo de 5 (+2) puntos. Teje a mpa el número de vueltas deseado y luego trabaja como se indica en el paso 8 del punto peruano (arriba). Alterna vueltas de mpa y de punto peruano para formar la muestra.

Tejidos con relieve y motivos

Puntos con relieve y motivos

Los puntos con relieve crean estructuras voluminosas similares al canalé tejido con dos agujas que pueden usarse para crear tejidos elásticos y de ochos, así como otras texturas tridimensionales fantásticas. Igualmente pueden formar ondulaciones espectaculares que producen un tejido denso y grueso, ideal para complementos y prendas de invierno. Cuando esos puntos se retuercen y se usan para formar ochos, el tejido resultante recuerda mucho al punto irlandés.

También se muestran en esta sección motivos que se tejen en redondo en lugar de en vueltas rectas sucesivas. El tejido en redondo a ganchillo es muy fácil y adictivo, y estos motivos resultan ideales para practicarlo. La mayoría de ellos suelen ser cuadrados, pero también encontrarás algunos ejemplos de diseños de distintas formas geométricas. Al tejerlos hay que aumentar a intervalos regulares para que queden planos, de modo que puedan unirse para confeccionar grandes piezas de patchwork y artículos como mantas y chaquetas.

Canalé

NIVEL
Avanzado

CADENETA BASE
Cualquier número par de
puntos (+ 3 c de vuelta)

ASPECTO
Reversible

Vuelta 1: 1 pa en la 4.ª c desde el ganchillo,
1 pa en cada c hasta el final, gira.
Vuelta 2: 3 c, 1 pardel (véase punto especial),
alrededor del pa sig, *1 pardel (véase punto
especial) alrededor del pa sig, 1 pardel alrededor
del p sig; rep desde * hasta la c de vuelta, 1 pa
en la c de vuelta, gira. **Vuelta 3:** 3 c, 1 pardet
alrededor del pa sig, * 1 pardet alrededor del pa
sig, 1 pardet alrededor del pa sig; rep desde *
hasta la c de vuelta, 1 pa en la c de vuelta, gira.

Punto especial: punto alto en relieve por delante (pardel)

1 Echa el hilo (eh) e inserta el ganchillo de
delante atrás en el espacio de la derecha
del siguiente punto alto (pa). Pasa el
ganchillo por detrás de la columna del
pa y sácalo de nuevo hacia delante por
el espacio de la izquierda del punto.

2 Eh y saca una lazada, rodeando la columna
del pa: habrá 3 lazadas en el ganchillo.
Acaba el punto como un pa normal.

Punto especial: punto alto en relieve por detrás (pardet)

3 Echa el hilo (eh) e inserta el ganchillo en
el espacio de la derecha del siguiente pa
desde el revés del tejido. A continuación
pásalo alrededor del pa por delante y
sácalo de nuevo hacia atrás a la izquierda
del punto.

4 Eh y saca una lazada, rodeando la
columna del pa: habrá 3 lazadas en
el ganchillo. Acaba el punto como
un pa normal.

Inserta el ganchillo por detrás de la columna del punto

Completa el punto alto normalmente

Rodea el punto por el revés del tejido

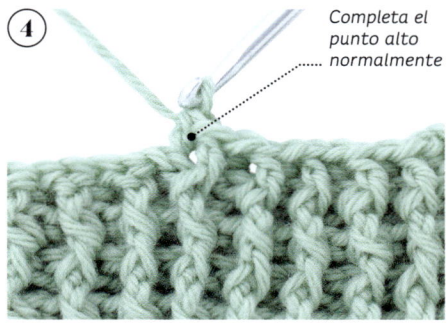

Completa el punto alto normalmente

Punto de frambuesa

NIVEL
Avanzado

CADENETA BASE
2

ASPECTO
Reversible

Vuelta 1: 1 pb en la 2.ª c desde el ganchillo y en cada c hasta el final, gira.
Vuelta 2: 1 c, 1 pb en el primer p, *1 pbrdel (véase punto especial) alrededor del pb sig, 1 pb en el pb sig; rep desde * hasta el final, gira.
Vuelta 3: 1 c, 1 pb en cada p hasta el final, gira. Rep las vueltas 1 y 2 para formar la muestra.

Punto especial: punto bajo en relieve por delante (pbrdel)

1 Inserta el ganchillo desde delante de la labor en el espacio de la derecha del siguiente punto bajo (pb), luego pásalo por detrás de la columna del punto y sácalo hacia delante por el espacio de la izquierda del punto.

2 Eh y saca una lazada, rodeando la columna del punto: habrá 2 lazadas en el ganchillo. Completa un pb como de costumbre.

Inserta el ganchillo por detrás de la columna

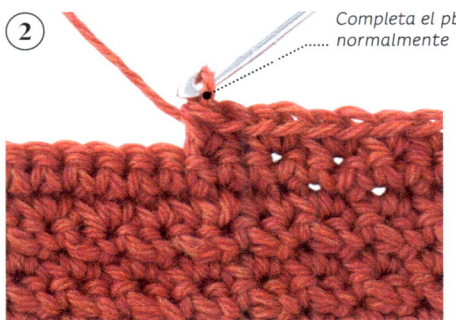

Completa el pb normalmente

Punto de cesta

NIVEL
Avanzado

CADENETA BASE
6 (+7)

ASPECTO
Reversible

Vuelta de base: 1 punto alto (pa) en la 4.ª cadeneta (c) desde el ganchillo y en cada c hasta el final, gira.

1 **Vuelta 1:** 3 c (cuentan como 1 pa), 1 punto alto en relieve por delante (pardel, p. 137) alrededor de cada uno de los 3 pa sig. *1 punto alto en relieve por detrás (pardet, p. 137) alrededor de cada uno de los 3 pa sig.

2 Haz 1 pardel alrededor de cada uno de los 3 pa sig; rep desde * hasta los 4 últimos p. 1 pardel en cada uno de los 3 pa sig, 1 pa en la c de vuelta, gira. **Vuelta 2:** 3 c (cuentan como 1 pa). * 1 pardet alrededor de cada uno de los 3 p sig y luego 1 pardel alrededor de los 3 p sig; rep desde * hasta los 4 últimos p, 1 pardet en cada uno de los 3 p sig, 1 pa en la c de vuelta, gira. **Vuelta 3:** Rep la vuelta 2. **Vuelta 4:** Rep la vuelta 1. Rep las vueltas 1 a 4 para formar la muestra.

3 pardel

3 pardet

Punto de cesta pequeño

NIVEL
Avanzado

CADENETA BASE
Cualquier número
par de puntos (+3)

ASPECTO
Reversible

Vuelta 1: 1 pa en la cuarta c desde el ganchillo y en cada c hasta el final de la vuelta, gira.

Vuelta 2: 3 c, 1 pardel (p. 137) alrededor del pa sig, *1 pardet (p. 137) alrededor del pa sig, 1 pardel en el pa sig; rep desde * hasta el final de la vuelta, 1 pa en la c de vuelta, gira. Repite la vuelta 2 para formar la muestra.

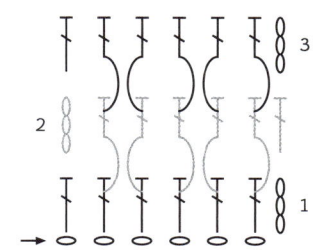

Punto de gofre

NIVEL
Avanzado

CADENETA BASE
3 (+2)

ASPECTO
Una sola cara

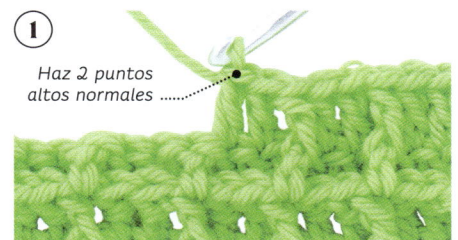

Haz 2 puntos altos normales

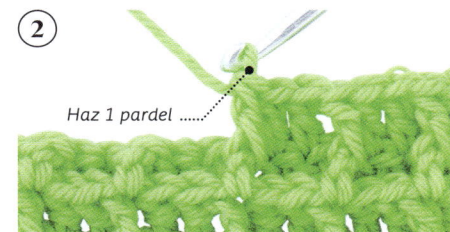

Haz 1 pardel

Haz 2 pardel

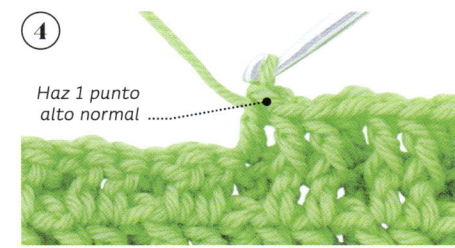

Haz 1 punto alto normal

Vuelta de base: 1 punto alto (pa) en la 4.ª c desde el ganchillo y en cada c hasta el final, gira.

1 Vuelta 1 (D): Haz 3 c (cuentan como 1 pa) y luego 1 punto alto en relieve por delante (pardel, p. 137) alrededor del p sig. *Haz 1 pa en cada uno de los 2 p sig.

2 Luego haz 1 pardel alrededor del p sig; rep desde * hasta la c de vuelta. Haz 1 pa en la c de vuelta y gira.

3 Vuelta 2: Haz 3 c (cuentan como 1 pa) y 1 pa en el p sig. *Haz 1 pardel alrededor de cada uno de los 2 p sig.

4 Luego haz 1 pa en el p sig; rep desde * hasta la c de vuelta. Haz 1 pa en la c de vuelta y gira. Rep las vueltas 1 y 2 para formar la muestra.

Ochos cruzados a la izquierda

NIVEL
Avanzado

CADENETA BASE
6 (+7)

ASPECTO
Una sola cara

Vuelta de base (D): 1 punto alto (pa) en la 4.ª cadeneta (c) desde el ganchillo y en cada c hasta el final de la vuelta, gira.

Vuelta 1: 3 c (cuentan como 1 pa), 1 pardet (p. 137) alrededor de cada uno de los 2 pa sig, *1 pardel (p. 137) alrededor de cada uno de los 4 pa sig, 1 pardet alrededor de cada uno de los 2 pa sig; rep desde * hasta la c de vuelta, 1 pa en la c de vuelta, gira.

Vuelta 2: 3 c (cuentan como 1 pa), 1 pardel alrededor de cada uno de los 2 pa sig, *1 pardet alrededor de cada uno de los 4 pa sig, 1 pardel alrededor de cada uno de los 2 pa sig; rep desde * hasta la c de vuelta, 1 pa en la c de vuelta, gira.

Vuelta 3 (vuelta del ocho): 3 c (cuentan como 1 pa), 1 pardet alrededor de cada uno de los 2 pa sig, *o4det (véase punto especial), 1 pardet alrededor de cada uno de los 2 pa sig; rep desde * hasta la c de vuelta, 1 pa en la c de vuelta, gira.

Vuelta 4: Como la vuelta 1.

Rep las vueltas 1 a 4 para formar la muestra.

Punto especial: ocho de 4 puntos cruzados por detrás (o4det)

1   Trabaja según las instrucciones a lo largo de los 4 puntos que vas a cruzar. Salta los 2 puntos siguientes y teje 1 punto alto en relieve por detrás (pardet) alrededor de cada uno de los 2 puntos altos (pa) siguientes.

2   Luego pasa el ganchillo por detrás de los dos puntos que acabas de tejer para insertarlo en los puntos saltados.

3   Teje 1 punto alto en relieve por delante (pardel, p. 137) alrededor el primero de los puntos saltados, trabajando por detrás de los 2 puntos que acabas de tejer. Los puntos tejidos anteriormente estorbarán un poco, ya que están delante del ganchillo, por lo que al principio puede resultar complicado.

4   Acaba tejiendo 1 pardel alrededor del segundo de los puntos saltados, trabajando por detrás de los 2 primeros puntos cruzados para completar el o4det.

1 .... Salta 2 p

2 Inserta el ganchillo por detrás de los puntos

3 Rodea la columna del primer punto saltado ......

4 Segundo punto ...... completado

Ochos cruzados a la derecha

NIVEL
Avanzado

CADENETA BASE
6

ASPECTO
Una sola cara

Vuelta de base (D): 1 punto alto (pa) en la 4.ª cadeneta (c) desde el ganchillo y en cada c hasta el final de la vuelta, gira.

Vuelta 1: 3 c (cuentan como 1 pa), 1 pardet (p. 137) alrededor de cada uno de los 2 pa sig, *1 pardel (p. 137) alrededor de cada uno de los 4 pa sig, 1 pardel alrededor de cada uno de los 2 pa sig; rep desde * hasta la c de vuelta, 1 pa en la c de vuelta, gira.

Vuelta 2: 3 c (cuentan como 1 pa), 1 pardel alrededor de cada uno de los 2 pa sig, *1 pardel alrededor de cada uno de los 4 pa sig, 1 pardel alrededor de cada uno de los 2 pa sig; rep desde * hasta la c de vuelta, 1 pa en la c de vuelta, gira.

Vuelta 3 (vuelta del ocho): 3 c (cuentan como 1 pa), 1 pardel alrededor de cada uno de los 2 pa sig, *o4del (véase punto especial), 1 pardel alrededor de cada uno de los 2 pa sig; rep desde * hasta la c de vuelta, 1 pa en la c de vuelta, gira.

Vuelta 4: Como la vuelta 1.

Rep las vueltas 1 a 4 para formar la muestra.

Punto especial: ocho de 4 puntos cruzados por delante (o4del)

1 Trabaja según las instrucciones a lo largo de los 4 puntos que vas a cruzar. Salta los 2 puntos siguientes y teje 1 punto alto en relieve por delante (pardel, p. 137) alrededor de cada uno de los 2 puntos altos (pa) siguientes.

2 Luego trabaja en los 2 puntos saltados por delante de la labor de la siguiente manera: inserta el ganchillo alrededor de la columna del primer punto saltado de derecha a izquierda por delante de la labor y completa un pardel en torno a este punto.

3 A continuación trabaja en el segundo de los puntos saltados, insertando el ganchillo alrededor de la columna de derecha a izquierda por delante de la labor.

4 Finalmente, completa un pardel alrededor de este punto para acabar el o4del.

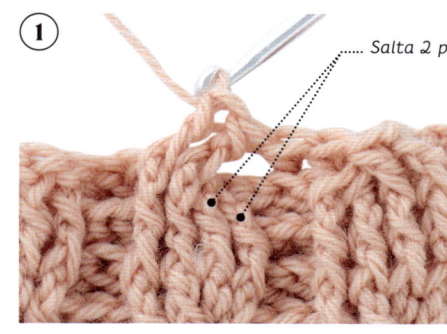

① .... *Salta 2 p*

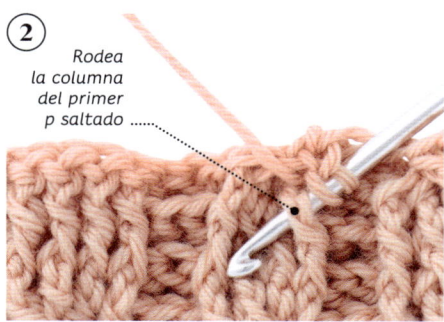

② *Rodea la columna del primer p saltado* ....

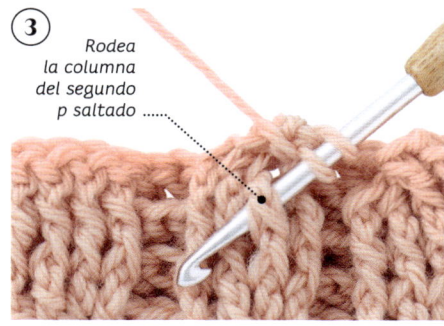

③ *Rodea la columna del segundo p saltado* ....

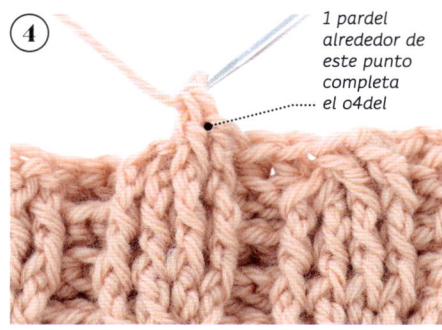

④ *1 pardel alrededor de este punto completa ..... el o4del*

Punto alpino

NIVEL
Avanzado

CADENETA BASE
Cualquier número
par de puntos (+3)

ASPECTO
Una sola cara

Vuelta de base (D): 1 punto alto (pa) en la 4.ª cadeneta (c) desde el ganchillo y en cada c hasta el final, gira.
Vuelta 1: 1 c, 1 punto bajo (pb) en cada p hasta el final, gira.
Vuelta 2 (D): 3 c (cuentan como 1 pa). *1 paesrdel alrededor de la columna del pa sig de 2 vueltas más abajo (véase punto especial), 1 pa en el p sig; rep desde * hasta el final, gira.
Vuelta 3: Como la vuelta 1.
Vuelta 4: 3 c (cuentan como 1 pa), 1 pa en el p sig. *1 paesrdel alrededor de la columna del pa sig de 2 vueltas más abajo, 1 pa en el p sig; rep desde * hasta el último p, 1 pa en el último p, gira.
Rep las vueltas 1 a 4 para formar la muestra.

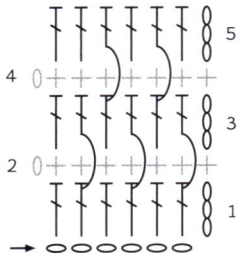

Punto especial: punto alto de espina en relieve por delante (paesrdel)

1 Echa el hilo (eh) e inserta el ganchillo de delante atrás en el espacio de la derecha del siguiente punto alto (pa) de dos vueltas más abajo. Luego pasa el ganchillo por detrás de la columna del pa y sácalo de nuevo hacia delante por el espacio de la izquierda del punto.

2 Eh y saca una lazada rodeando la columna del pa: quedarán 3 lazadas en el ganchillo. Termina el punto como un punto alto normal para completar el punto alto de espina en relieve por delante.

① *Punto alto desde 2 vueltas más abajo* ......

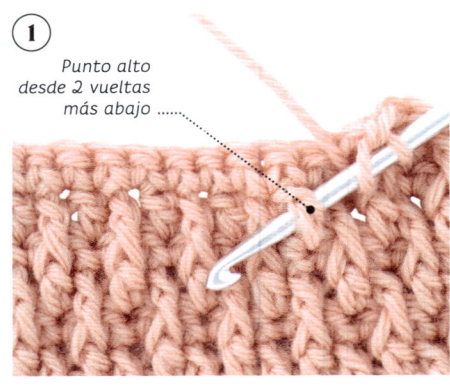

② *Completa el punto como* .... *un pa normal*

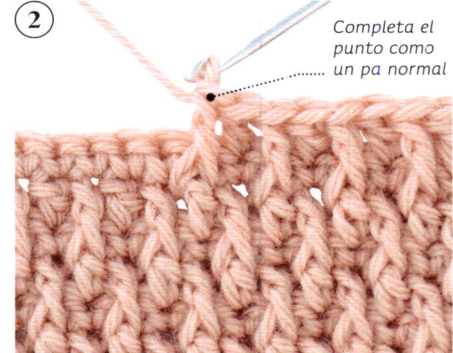

Punto de herradura

NIVEL
Avanzado

CADENETA BASE
14 (+6)

ASPECTO
Una sola cara

Vuelta 1 (R): 1 pa en la 4.ª c desde el ganchillo y en cada c hasta el final, gira.

Vuelta 2 (D): 3 c (cuentan como 1 pa), 1 pardel (p. 137) en cada uno de los 2 pa sig, *1 pardel (p. 137) en el pa sig, 1 pardel en el pa sig, 1 pardel en cada uno de los 8 pa sig, 1 pardel en el pa sig, 1 pardel en el pa sig, 1 pardel en cada uno de los 2 pa sig; rep desde * hasta la c de vuelta, 1 pa en la c de vuelta, gira.

Vuelta 3: 3 c (cuentan como 1 pa), 1 pardel en cada uno de los 2 pa sig, *1 pardel en el pa sig, 1 pardel en el pa sig, 1 pardel en cada uno de los 8 pa sig, 1 pardel en el pa sig, 1 pardel en el pa sig, 1 pardel en cada uno de los 2 pa sig; rep desde * hasta la c de vuelta, 1 pa en la c de vuelta, gira.

Vuelta 4 (vuelta de los ochos): 3 c (cuentan como 1 pa), 1 pardel en cada uno de los 2 pa sig, *1 pardel en el pa sig, 1 pardel en el pa sig, o4det (p. 140), o4del (p. 141), 1 pardel en el pa sig, 1 pardel en el pa sig, 1 pardel en cada uno de los 2 pa sig; rep desde * hasta la c de vuelta, 1 pa en la c de vuelta, gira.

Vuelta 5: Repite la vuelta 3. Rep las vueltas 2 a 5 para formar la muestra.

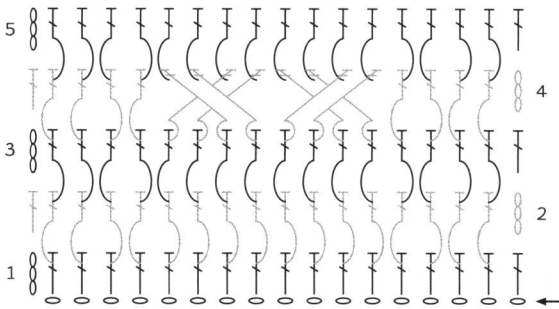

Punto de ladrillo en relieve

NIVEL
Avanzado

CADENETA BASE
6 (+7)

ASPECTO
Una sola cara

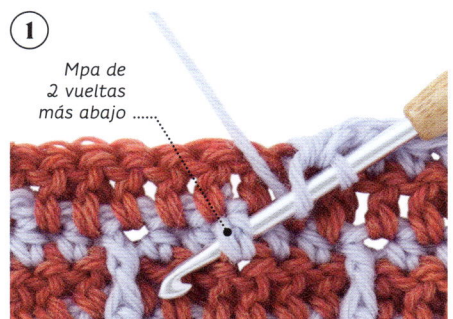

Mpa de 2 vueltas más abajo ......

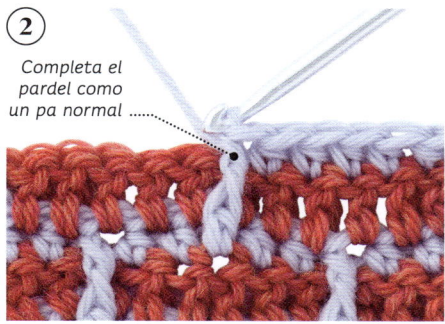

Completa el pardel como un pa normal ......

Vuelta de base (D): Con el color principal (CP), haz 1 medio punto alto (mpa) en la 3.ª c desde el ganchillo y en cada c hasta el final, gira.

1 **Vuelta 1:** Con el color de contraste (CC), 3 c (cuentan como 1 pa) y 1 punto alto (pa) en cada p hasta el final, gira. **Vuelta 2:** Con el CP, haz 2 c (cuentan como 1 mpa) y luego inserta el ganchillo rodeando la columna del mpa sig de 2 vueltas más abajo.

2 Teje 1 pardel (p. 137). *Teje 1 mpa en cada uno de los 5 p sig y luego 1 pardel alrededor del mpa de 2 vueltas más abajo como antes; rep desde * hasta los 2 últimos p, teje 1 mpa en cada uno de los 2 últimos p y gira. **Vuelta 3:** Como la vuelta 1. **Vuelta 4:** Con el CP, 2 c, 2 mpa, *1 pardel en el sig mpa de 2 vueltas más abajo, 5 mpa; rep desde * hasta el final, gira. Rep las vueltas 1 a 4 para formar la muestra.

Punto celta

NIVEL
Avanzado

CADENETA BASE
14 (+6)

ASPECTO
Una sola cara

Vuelta de base (R): 1 punto alto (pa) en la 4.ª cadeneta (c) desde el ganchillo y en cada c hasta el final de la vuelta, gira.

1 **Vuelta 1 (D):** Haz 3 c (cuentan como 1 pa). *Salta los 2 p sig, teje 1 padrdel (véase punto especial) alrededor de cada uno de los 2 p sig.

2 Haz 1 padrdel en cada uno de los 2 p saltados (trabajando por delante de los 2 puntos recién tejidos); rep desde * hasta la c de vuelta. Haz 1 pa en la c de vuelta y gira.

3 **Vuelta 2 (R):** Haz 3 c (cuentan como 1 pa) y luego 1 padrdet (véase punto especial) en cada uno de los 2 p sig. *Salta 2 p y teje 1 padrdet en cada uno de los 2 p sig.

4 Teje 1 padrdet en cada uno de los 2 puntos saltados (trabajando por detrás de los 2 p recién tejidos); rep desde * hasta los 3 últimos p. Haz 1 padrdet en cada uno de los 2 p sig y luego 1 pa en la c de vuelta, gira. Rep las vueltas 1 y 2 para formar la muestra, acabando con una vuelta 1.

Punto especial: punto alto doble en relieve por delante (padrdel)

Para hacer un padrdel, echa el hilo (eh) y luego inserta el ganchillo de delante atrás en el espacio de la derecha del punto siguiente. Luego pasa el ganchillo por detrás de la columna del punto y sácalo de nuevo hacia delante por el espacio de la izquierda del punto. Teje un punto alto doble (pad) rodeando este punto para terminar.

Punto especial: punto alto doble en relieve por detrás (padrdet)

Para hacer un padrdet, echa el hilo (eh), inserta el ganchillo desde atrás en el espacio de la derecha del punto siguiente, luego pásalo rodeando la parte anterior del punto y sácalo por detrás de la labor a la izquierda del punto. Eh y teje un punto alto doble (pad) normal alrededor de este punto para terminar.

(1)

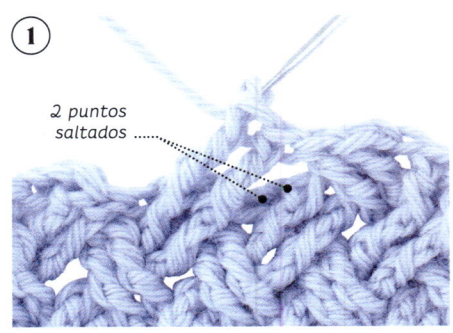

2 puntos saltados ......

(2)

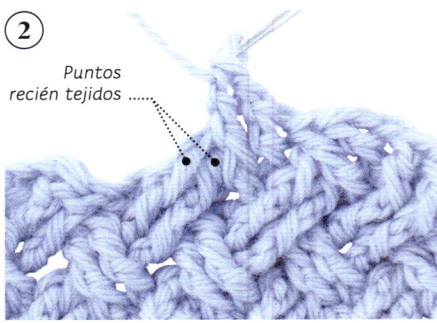

Puntos recién tejidos ......

(3)

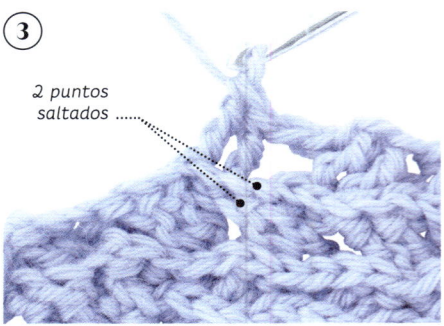

2 puntos saltados ......

(4)

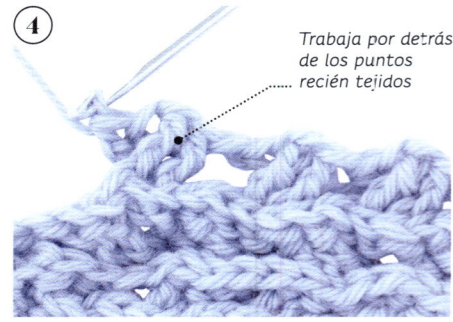

Trabaja por detrás de los puntos recién tejidos

Círculo a punto bajo

NIVEL
Fácil

CADENETA BASE
2

ASPECTO
Una sola cara

EQUIPO ADICIONAL
Marcador de puntos

1 **Vuelta 1:** Haz 2 cadenetas (c), y teje 6 puntos bajos (pb) en la segunda c desde el ganchillo: estos seis pb constituyen la primera vuelta.

2 **Vuelta 2: No** gires ni cierres la vuelta y empieza a tejer en espiral. Teje el primer pb exactamente en el primer p de la vuelta y coloca un marcador de puntos en este primer punto para indicar el inicio de la vuelta.

3 Teje 1 pb más en el mismo punto y luego 2 pb en cada punto alrededor. Serán 12 puntos en total: cuando hayas tejido en cada punto, al llegar al primer punto de la vuelta marcado habrás completado la segunda vuelta. Continúa de la misma manera, aumentando seis puntos en cada vuelta hasta que el círculo tenga el tamaño deseado. **Vuelta 3:** (2 pb en el p sig, 1 pb) en círculo (18 pb). **Vuelta 4:** (2 pb en el p sig, 1 pb en cada uno de los 2 p sig) en círculo (24 pb). **Vuelta 5:** (2 pb en el p sig, 3 pb) en círculo (30 pb). **Vuelta 6:** (2 pb en el p sig, 4 pb) en círculo (36 pb). **Vuelta 7:** (2 pb en el p sig, 5 pb) en círculo (42 pb).

Nota: Para hacer un círculo más grande, simplemente continúa según las instrucciones, aumentando 6 puntos en cada vuelta tejiendo 1 pb más entre aumentos hasta alcanzar el tamaño deseado, y cierra la vuelta final con un punto raso (pr).

Cómo tejer en redondo

Existen distintos métodos para empezar a tejer en redondo. Para cada uno de los motivos de las páginas siguientes se propone uno de ellos, pero puedes elegir tu favorito.

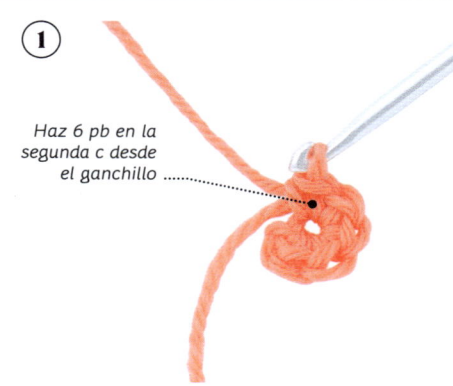

Haz 6 pb en la segunda c desde el ganchillo

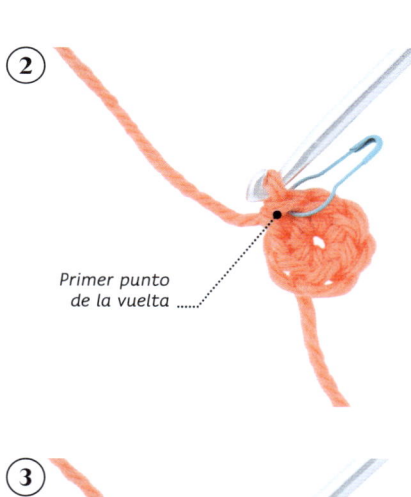

Primer punto de la vuelta

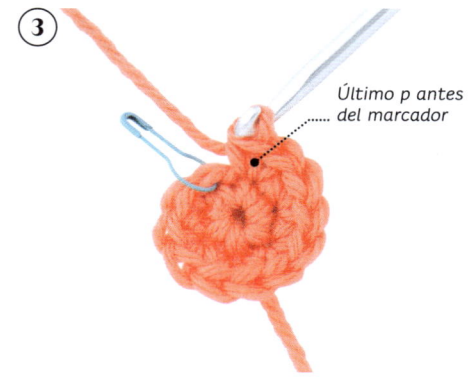

Último p antes del marcador

Círculo a medio punto alto

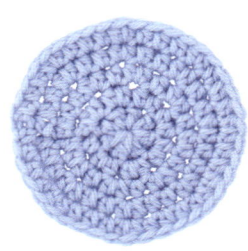

NIVEL
Fácil

CADENETA BASE
3

ASPECTO
Una sola cara

①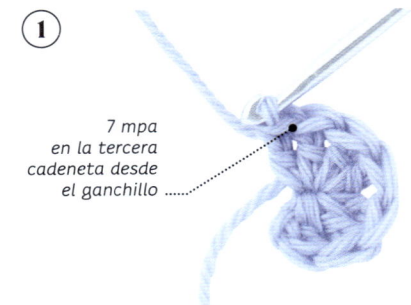

*7 mpa
en la tercera
cadeneta desde
el ganchillo* ....

②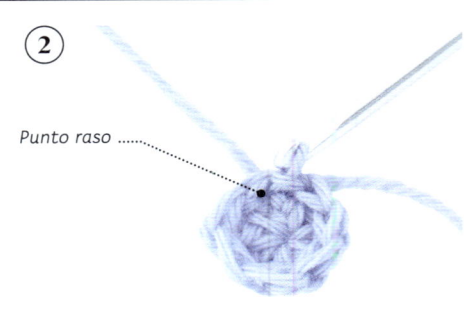

Punto raso ....

③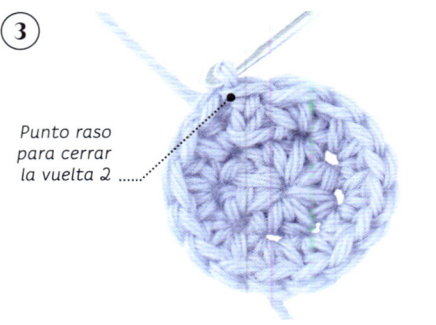

*Punto raso
para cerrar
la vuelta 2* ....

1 **Vuelta 1:** Haz 3 cadenetas (c) y teje 7 medios puntos altos (mpa) en la 3.ª c desde el ganchillo (las c saltadas cuentan como 1 mpa).

2 Cierra el círculo con 1 punto raso (pr) en la parte superior de las 3 c para completar la vuelta 1. Tendrás 8 mpa en total. **No** gires la labor.

3 **Vuelta 2:** Haz 2 c para alcanzar la altura correcta de la vuelta (cuentan como 1 mpa en esta vuelta y en las vueltas restantes). Teje 1 mpa en la parte inferior de la primera c para hacer el primer aumento y luego 2 mpa en cada punto en círculo. Cierra la vuelta con 1 pr para completarla: tendrás 16 puntos en total. Continúa de la misma manera, aumentando 8 puntos en cada vuelta como se indica abajo hasta que el círculo tenga el tamaño deseado. **Vuelta 3:** Haz 2 c, teje 2 mpa en el p sig, (1 mpa, 2 mpa en el p sig) en círculo y cierra la vuelta con 1 pr (24 mpa). **Vuelta 4:** Haz 2 c, teje 1 mpa en el p sig y luego 2 mpa en el p sig, (1 mpa en cada uno de los 2 p sig, 2 mpa en el p sig) en círculo y cierra la vuelta con 1 pr (32 mpa).

Nota: Para hacer un círculo más grande continúa según estas instrucciones, aumentando 8 puntos en cada vuelta tejiendo 1 mpa más entre aumentos hasta alcanzar el tamaño deseado.

Círculo a punto alto

Puedes tejer un círculo a punto alto de una manera similar a la del círculo a medio punto alto, pero empezando con una cadeneta de 4 puntos en vez de 3 y tejiendo 11 pa en la cuarta cadeneta desde el ganchillo para obtener 12 puntos en total. El esquema de abajo muestra que los aumentos se hacen de una manera muy parecida, tejiendo 1 punto alto entre un aumento y el siguiente hasta alcanzar el tamaño deseado.

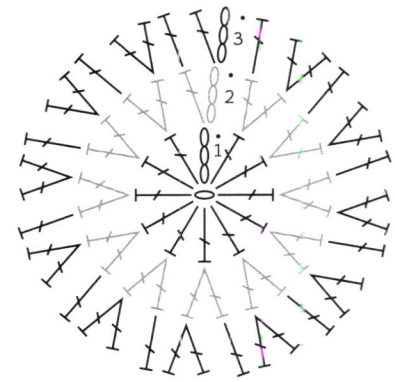

Cuadrado tradicional

NIVEL
Fácil

CADENETA BASE
4

ASPECTO
Una sola cara

1 **Vuelta 1:** Con el color principal (CP), haz 4 cadenetas (c) y luego 2 puntos altos (pa) en la 4.ª c desde el ganchillo (las c saltadas cuentan 1 pa). Haz 3 c, (3 pa, 3 c) 3 veces en la misma c que los 2 primeros pa. Cierra a vuelta con un punto raso (pr) en la parte superior de la c inicial y remata el CP. Esto completa la vuelta 1. **Vuelta 2:** Empalma el primer color de contraste (CC1) en cualquier espacio de esquina de la vuelta 1. Haz 3 c (cuentan como 1 pa) y luego teje (2 pa, 3 c, 3 pa) en el mismo esp de 3 c para completar la primera esquina de la vuelta 2.

2 Haz 1 c para pasar hasta el siguiente esp de 3 c. *Teje (3 pa, 3 c, 3 pa) en el siguiente esp de 3 c para hacer la segunda esquina y haz 1 c; rep desde * 3 veces en total. Cierra el círculo con un pr encima de la c inicial y remata el CC1 para completar la vuelta 2.

3 **Vuelta 3:** Empalma el segundo color de contraste (CC2) en cualquier espacio de esquina de la vuelta 2. Haz 3 c (cuentan como 1 pa) y luego teje (2 pa, 3 c, 3 pa) en el mismo esp de 3 c. Haz 1 c, *(3 pa, 3 c, 3 pa) en el siguiente esp de 3 c, 1 c, 3 pa en el siguiente esp de 3 c, 1 c; rep desde * en círculo y cierra el círculo con un pr encima de la c inicial. Remata el CC2. Empalma el tercer color de contraste (CC3) en cualquier espacio de esquina de la vuelta 3.
Vuelta 4: Haz 3 c, (2 pa, 3 c, 3 pa) en el mismo esp de 3 c y luego 1 c (3 pa en el mismo esp de 3 c, 1 c) hasta la siguiente esquina. *(3 pa, 3 c, 3 pa) en el esp-c de esquina. Haz 1 c, (3 pa en el siguiente esp de 1 c, 1 c) hasta la siguiente esquina; rep desde * en círculo y cierra la vuelta con 1 pr encima de la c inicial. Rep la vuelta 4 hasta alcanzar el tamaño deseado, cambiando de color en cada vuelta.

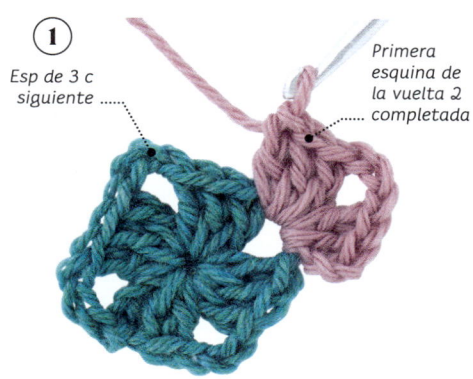

① *Esp de 3 c siguiente* .... | .... *Primera esquina de la vuelta 2 completada*

② *Segunda esquina completada* .... | .... *1 c*

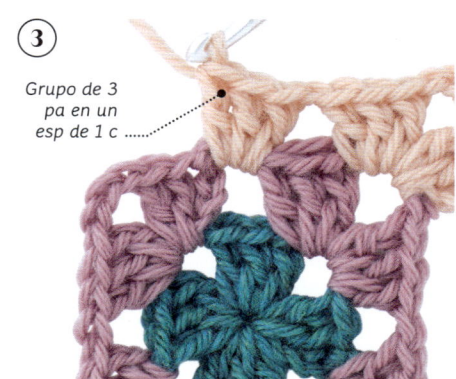

③ *Grupo de 3 pa en un esp de 1 c* ....

Triángulo tradicional

NIVEL
Fácil

CADENETA BASE
4

ASPECTO
Una sola cara

Vuelta 1: Con el color principal (CP), haz 4 cadenetas (c), 2 puntos altos (pa) en la 4.ª c desde el ganchillo (las c saltadas cuentan como 1 pa), 3 c, (3 pa, 3 c) 2 veces en la misma c, cierra la vuelta con 1 punto raso (pr) encima de la c inicial. Remata el CP.

Vuelta 2: Empalma el primer color de contraste (CC1) en cualquier espacio de esquina de la vuelta 1. Haz 3 c (cuentan como 1 pa), (2 pa, 3 c, 3 pa) en el mismo esp de 3 c, 1 c, *(3 pa, 3 c, 3 pa) en el sig esp de 3 c, 1 c; rep desde * una vez más, cierra la vuelta con 1 pr encima de la c inicial y remata el CC1.

Vuelta 3: Empalma el segundo color de contraste (CC2) en cualquier espacio de esquina de la vuelta 2. Haz 3 c (cuentan como 1 pa), (2 pa, 3 c, 3 pa) en el mismo esp de 3 c, 1 c, 3 pa en el sig esp de 1 c, 1 c, * (3 pa, 3 c, 3 pa) en el sig esp de 3 c, 1 c, 3 pa en el sig esp de 1 c, 1 c; rep desde * hasta el final, cierra la vuelta con 1 pr encima de la c inicial y remata el CC2. Empalma el tercer color de contraste (CC3) en cualquier espacio de esquina de la vuelta 3.

Vuelta 4: 3 c, (2 pa, 3 c, 3 pa) en el mismo esp de 3 c, 1 c, (3 pa en el sig esp de 1 c, 1 c) hasta la siguiente esquina, *(3 pa, 3 c, 3 pa) en el esp-c de esquina, 1 c, (3 pa en el sig esp de 1 c, 1 c) hasta la siguiente esquina; rep desde * hasta el final y cierra la vuelta con 1 pr encima de la c inicial. Rep la vuelta 4 hasta alcanzar el tamaño deseado, cambiando de color en cada vuelta.

Hexágono tradicional

NIVEL
Fácil

CADENETA BASE
4

ASPECTO
Una sola cara

Vuelta 1: Con el color principal (CP), haz 4 cadenetas (c), (echa el hilo [eh], inserta el ganchillo en la 4.ª c desde el ganchillo y saca una lazada, eh y sácalo a través de 2 lazadas) 2 veces en la misma c: habrá 3 lazadas en el ganchillo. Eh y sácalo por las 3 lazadas, 2 c, (r3pa [véase punto especial], 2 c) 5 veces en la misma c que el primer racimo, cierra la vuelta con 1 pr encima de la c inicial y remata el CP.

Vuelta 2: Empalma el primer color de contraste (CC1) en cualquier esp de 2 c de la vuelta 1. 3 c (cuentan como 1 pa), (1 pa, 3 c, 2 pa) en el mismo esp de 2 c, 1 c, *(2 pa, 3 c, 2 pa) en el sig esp de 2 c, 1 c; rep desde * hasta el final, cierra la vuelta con 1 pr encima de la c inicial y remata el CC1.

Vuelta 3: Empalma el segundo color de contraste (CC2) en cualquier esp de 3 c de la vuelta 2. 3 c (cuentan como 1 pa), (1 pa, 3 c, 2 pa) en el mismo esp de 3 c, 2 pa, 1 pa en el esp de 1 c, 2 pa, *(2 pa, 3 c, 2 pa) en el sig esp de 3 c, 2 pa, 1 pa en el esp de 1 c, 2 pa; rep desde * hasta el final, cierra la vuelta con 1 pr encima de la c inicial y remata el CC2.

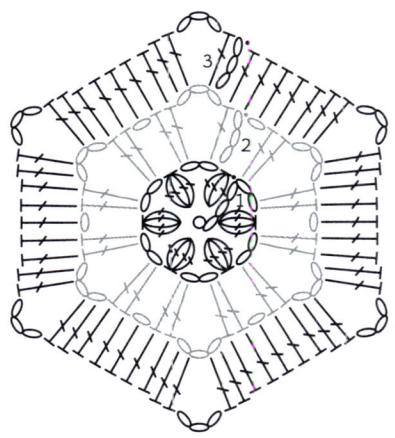

Punto especial: racimo de 3 puntos altos (r3pa)

Para hacer un racimo de 3 puntos altos (eh, inserta el ganchillo en el p sig, saca una lazada, eh y sácalo por 2 lazadas) 3 veces en el mismo p: quedarán 4 lazadas en el ganchillo. Eh y sácalo por las 4 lazadas.

Círculo tradicional

Vuelta 1: Con el color principal (CP), haz 4 cadenetas (c) y 11 puntos altos (pa) en la 4.ª c desde el ganchillo (las c saltadas cuentan como 1 pa), y cierra la vuelta con 1 pr encima de la c inicial (12 pa). Remata el CP.

Vuelta 2: Empalma el primer color de contraste (CC1) en cualquier p de la vuelta 1. 3 c (cuentan como 1 pa), 1 pa en el mismo p, 1 c, (1 r2pa [véase punto especial] en el p sig, 1 c) en círculo, cierra la vuelta con 1 pr encima de la c inicial y remata el CC1.

Vuelta 3: Empalma el segundo color de contraste (CC2) en cualquier esp de 1 c de la vuelta 2. 3 c (cuentan como 1 pa), 2 pa en el mismo esp de 1 c, 1 c, (3 pa en el siguiente esp de 1 c, 1 c) en círculo, cierra la vuelta con 1 pr encima de la c inicial y remata el CC2.

Vuelta 4: Empalma el tercer color de contraste (CC3) en cualquier esp de 1 c de la vuelta 3. 3 c (cuentan como 1 pa), 2 pa en el mismo esp de 1 c, 2 c, (3 pa en el siguiente esp de 1 c, 2 c) en círculo, cierra la vuelta con 1 pr encima de la c inicial y remata el CC3.

Punto especial: racimo de 2 puntos altos

Para hacer un racimo de 2 puntos altos (eh, inserta el ganchillo en el p sig y saca una lazada, eh y sácalo por 2 lazadas) 2 veces en el mismo p: quedarán 3 lazadas en el ganchillo. Eh y sácalo por las 3 lazadas.

NIVEL
Fácil

CADENETA BASE
4

ASPECTO
Una sola cara

Cuadrado a punto de lino

Vuelta 1: Con el color principal (CP), haz 2 cadenetas (c), (1 pb, 1 c) 8 veces en la 2.ª c desde el ganchillo y cierra la vuelta con 1 pr encima de la c inicial (12 pa). Remata el CP.

Vuelta 2: Empalma el primer color de contraste (CC1) en cualquier esp de 1 c de la vuelta 1. 1 c, *(1 pb, 2 c, 1 pb) en cada esp de 1 c, 1 c, 1 pb en el siguiente esp de 1 c, 1 c; rep desde * hasta el final, cierra la vuelta con 1 pr encima de la c inicial y remata el CC1.

Vuelta 3: Empalma el CP en cualquier esp de 2 c de la vuelta 2. 1 c, *(1 pb, 2 c, 1 pb) en el esp de 2 c de esquina, 1 c, (1 pb, 1 c) en cada esp de 1 c hasta el siguiente esp de 2 c de esquina; rep desde * hasta el final, cierra la vuelta con 1 pr encima de la c inicial y remata el CP. Rep la vuelta 3 hasta que el motivo tenga el tamaño deseado, cambiando de color en cada vuelta.

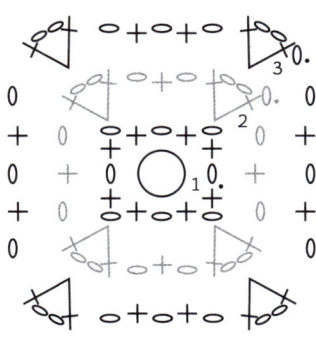

NIVEL
Fácil

CADENETA BASE
2

ASPECTO
Una sola cara

Cuadrado tradicional tupido

NIVEL
Fácil

CADENETA BASE
4

ASPECTO
Una sola cara

1 **Vuelta 1:** Con el color principal (CP), haz 4 cadenetas (c). Teje 2 puntos altos (pa) en la 4.ª c desde el ganchillo (las c saltadas cuentan como 1 pa), 3 c y (3 pa, 3 c) 3 veces en la misma c que los 2 primeros pa. Cierra la vuelta con 1 punto raso (pr) encima de la c inicial y remata el CP.
Vuelta 2: Empalma el primer color de contraste (CC1) en cualquier espacio de esquina de la vuelta 1. Haz 3 c (cuentan como 1 pa) y teje (1 pa, luego 3 c y luego 1 pa) en el mismo esp de 3 c para completar la primera esquina de la vuelta.

2 Haz 1 pa en cada uno de los 3 p sig para tejer sin interrupción hasta el siguiente espacio de esquina. *Haz (2 pa, 3 c, 2 pa) en el siguiente esp de 3 c de la segunda esquina y 3 pa; rep desde * 3 veces en total. Cierra la vuelta con 1 pr encima de la c inicial y remata el CC1.

3 **Vuelta 3:** Empalma el segundo color de contraste (CC2) en cualquier espacio de esquina de la vuelta 2. Haz 3 c (cuentan como 1 pa), luego (1 pa, 3 c, 2 pa) en el mismo esp de 3 c y luego 1 pa en cada uno de los pa sig hasta el siguiente espacio de esquina. *(2 pa, 2 c, 2 pa) en el siguiente esp de 3 c y 1 pa en cada pa hasta el siguiente esp de 3 c de esquina; rep desde * en círculo. Cierra la vuelta con 1 pr encima de la c inicial y remata el CC2.
Repite la vuelta 3 hasta que el motivo tenga el tamaño deseado, cambiando de color en cada vuelta.

①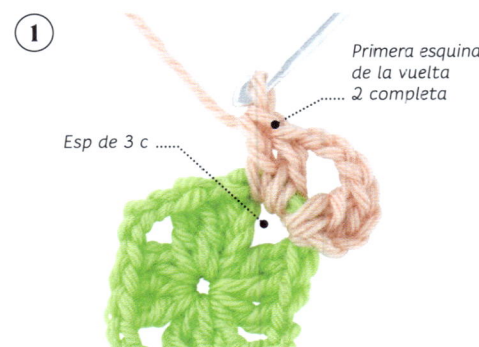

Primera esquina de la vuelta 2 completa

Esp de 3 c ......

②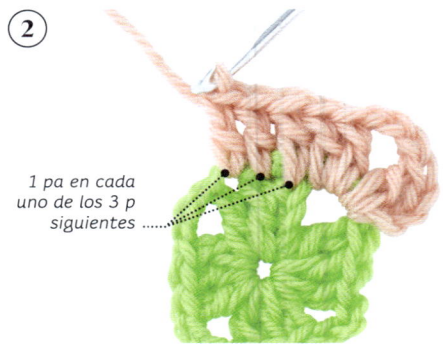

1 pa en cada uno de los 3 p siguientes ......

③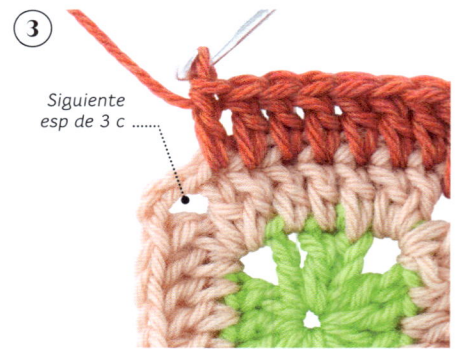

Siguiente esp de 3 c ......

Flor africana

NIVEL
Medio

CADENETA BASE
4

ASPECTO
Una sola cara

1 **Vuelta 1:** Con el color principal (CP), haz 4 cadenetas (c) y luego teje 1 punto alto (pa) en la 4.ª c desde el ganchillo (las c saltadas más el pa cuentan como primer racimo). Haz 2 c, (1 r2pa [p. 149], 2 c) 5 veces en la misma c donde hiciste el primer pa y después cierra la vuelta con 1 punto raso (pr) encima de la c inicial. Remata el CP. **Vuelta 2:** Empalma el primer color de contraste (CC1) en cualquier esp de 2 c de la vuelta 1. Haz 3 c (cuentan como 1 pa), (1 pa, 3 c, 2 pa) en el mismo esp de 2 c y luego 1 c. *Teje (2 pa, 3 c, 2 pa) en el siguiente esp de 2 c, 1 c; rep desde * una vez más y cierra la vuelta con 1 pr encima de la c inicial. **Vuelta 3:** Haz 1 c. *Teje 7 pa en el siguiente esp de 2 c y 1 pb en el siguiente esp de 1 c; rep desde * en círculo y cierra la vuelta con 1 pr encima de la c inicial. Remata el CC1. **Vuelta 4:** Empalma el segundo color de contraste (CC2) en el primer pa de cualquiera de los 7 grupos de la vuelta 3. Haz 1 c. * Teje 1 punto bajo por la hebra posterior (pbdet, p. 38) en cada uno de los 7 pa siguientes.

2 A continuación teje 1 punto bajo (pb) alargado insertando el ganchillo en el siguiente esp de 1 c de la vuelta 2 y rodeando con el punto el pb de la vuelta 3; rep desde * en círculo y cierra la vuelta con 1 pr encima de la c inicial. Remata el CC2. **Vuelta 5:** Empalma el tercer color de contraste (CC3) en el primer pbdet de cualquiera de los 7 grupos de la vuelta 4. Haz 3 c (cuentan como 1 pa), *3 pa (1 pa, 1 c, 1 pa) en el p sig, 3 pa, salta el p sig; rep desde * en círculo. Cierra la vuelta con 1 pr encima de la c inicial y remata el CC3.

Teje solo por la hebra posterior ....

Esp de 1 c de ...... la vuelta 2

Flor tridimensional

NIVEL
Medio

CADENETA BASE
2

ASPECTO
Una sola cara

1 **Vuelta 1**: Con el color principal (CP), haz 2 cadenetas (c) y luego 8 puntos bajos (pb) en la 2.ª c desde el ganchillo. Cierra la vuelta con 1 punto raso (pr) encima de la primera c. (8 pb). Remata el CP. **Vuelta 2**: Empalma el CC1 en cualquier pb de la vuelta 1. Haz 1 c y luego 1 pb en el primer p. Haz 1 c, (1 pb en el p sig, 1 c) en círculo y cierra la vuelta con 1 pr encima de la c inicial. (8 pb y 8 esp de 1 c). Remata el CC1. **Vuelta 3**: Empalma el CC2 en cualquier pb de la vuelta 2. Haz 1 c, (1 pb en el pb sig, 3 c) en círculo y cierra la vuelta con 1 pr encima de la c inicial. (8 pb y 8 esp de 3 c). **Vuelta 4**: Haz 1 c. *Teje (1 pb, 3 mpa, 1 pb) en el siguiente esp de 3 c para crear el efecto de un pétalo curvo.

2 Teje 1 pb en el pb sig; rep desde * en círculo y cierra la vuelta con 1 pr encima de la c inicial. (48 pb). Remata el CC2. **Vuelta 5**: Empalma el CC3 en cualquier espacio de 1 c libre (en el que no hayas tejido), por detrás de uno de los pétalos. Haz 3 c (cuentan como 1 pa). *Inserta el ganchillo de delante atrás en el siguiente esp de 1 c libre de la vuelta 2 y teje, por detrás de los pétalos hechos en las vueltas 3 y 4, en el siguiente esp de 3 c para crear el efecto de pétalo. Haz 1 pb en este espacio y luego 2 c. *Teje 1 pb en el siguiente esp de 1 c libre de la vuelta 2 como antes y luego 2 c; rep desde * en círculo y cierra la vuelta con 1 pr en la primera de las 3 c iniciales. (8 pb y 8 esp de 2 c). **Vuelta 6:** 1 pr en el siguiente esp de 2 c, 3 c (cuentan como 1 pa). Teje 2 pa en el mismo espacio y luego 1 c, (3 pa en el siguiente esp de 2 c, 1 c) en círculo. Cierra la vuelta con 1 pr encima de la c inicial y remata el CC3. **Vuelta 7**: Empalma el CC4 en cualquier esp de 1 c. Haz 1 c y luego 1 pb en el mismo espacio. *3 puntos bajos por la hebra posterior (pbdet), (1 pa, 3 c, 1 pa) en el siguiente esp de 1 c, 3 pbdet, **1 pb en el siguiente esp de 1 c; rep desde * en círculo, acabando la última rep en **. Cierra la vuelta con 1 pr encima de la c inicial. **Vuelta 8:** 3 c (cuentan como 1 pa). *1 pa en cada p hasta el siguiente esp de 3 c, (2 pa, 3 c, 2 pa) en el esp de 3 c; rep desde * 4 veces. Teje 1 pa en cada p hasta el final, cierra la vuelta con 1 pr encima de la c inicial y remata el CC4.

①

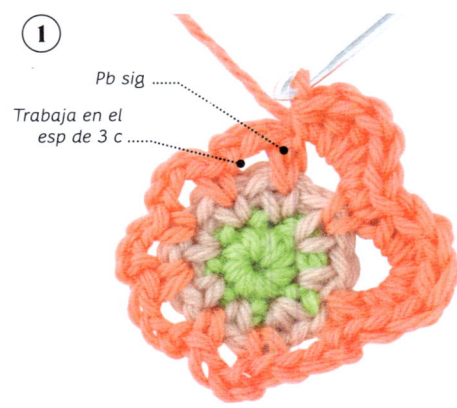

Pb sig ....
Trabaja en el esp de 3 c ....

②

Trabaja por detrás de los pétalos hechos en la vuelta 4 ....

Cuadrado con borlas

NIVEL
Medio

CADENETA BASE
3

ASPECTO
Una sola cara

Vuelta 1: Con el color principal (CP), haz 3 cadenetas (c) y luego 11 medios puntos altos (mpa) en la 3.ª c desde el ganchillo (las c saltadas cuentan como 1 mpa). Cierra la vuelta con 1 punto raso (pr) encima de la primera c. (12 mpa). Remata el CP.

Vuelta 2: Empalma el primer color de contraste (CC1) en cualquier mpa de la vuelta 1. Haz 2 c, 1 borla (p. 72) en el primer mpa, 1 c, (1 borla, 1 c) en círculo y cierra la vuelta con 1 pr encima de la c inicial. (12 borlas). Remata el CC1.

Vuelta 3: Empalma el segundo color de contraste (CC2) en cualquier esp de 1 c de la vuelta 2. 3 c, 1 garbanzo (p. 71) en el esp de 1 c, 3 c, *1 garbanzo en el siguiente esp de 1 c, 3 c; rep desde * en círculo, cierra la vuelta con 1 pr encima de la c inicial. (12 garbanzos). Remata el CC2.

Vuelta 4: Empalma el tercer color de contraste (CC3) en cualquier esp de 3 c de la vuelta 3. 3 c. (2 pa, 3 c, 3 pa) en el mismo esp de 3 c, 1 c, (3 pa en el siguiente esp de 3 c, 1 c) 2 veces, * (3 pa, 3 c, 3 pa) en el esp siguiente, 1 c, (2 pa en el siguiente esp de 3 c, 1 c) 2 veces; rep desde * en círculo, cierra la vuelta con 1 pr encima de la c inicial y remata el CC3.

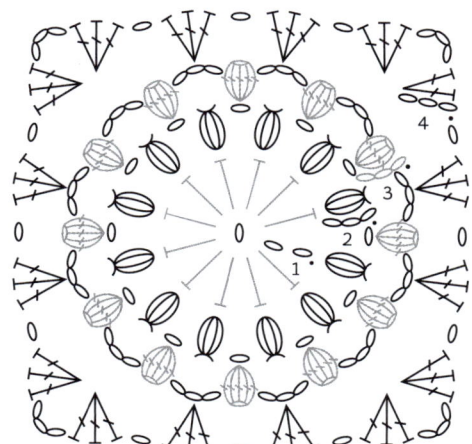

Cuadrado ingleteado

NIVEL
Fácil

CADENETA BASE
4

ASPECTO
Reversible

Vuelta 1: Con el color principal (CP), haz 4 c, (1 pa, 3 c, 2 pa) en la 4.ª c desde el ganchillo (las c saltadas cuentan como 1 pa) y gira. (4 pa).

Vuelta 2: 3 c (cuentan como 1 pa), 1 pa en el p sig, (2 pa, 3 c, 2 pa) en el esp de 3 c, 2 pa, gira. (8 pa). Remata el CP.

Vuelta 3: Con el primer color de contraste (CC1), haz 3 c (cuentan como 1 pa), 1 pa en cada pa hasta el esp de 3 c, (2 pa, 2 c, 2 pa) en el esp de 3 c, 1 pa en cada pa hasta el final, gira. (12 pa).

Repite la vuelta 3 para formar la muestra, cambiando de color en cada vuelta de aquí en adelante.

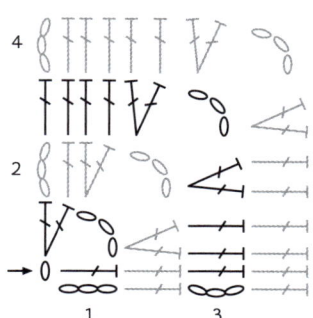

Cuadrado tradicional ingleteado

NIVEL
Fácil

CADENETA BASE
4

ASPECTO
Una sola cara

Vuelta 1 (D): Con el color principal (CP), haz 4 cadenetas (c), 2 puntos altos (pa) en la 4.ª c desde el ganchillo (las c saltadas cuentan como 1 pa), 3 c, (3 pa, 3 c) 3 veces en la misma c que los 2 primeros pa, cierra la vuelta con 1 punto raso (pr) encima de la c inicial. **No gires.** Remata el CP y empalma el primer color de contraste (CC1) en cualquier esp de 3 c de esquina de esta vuelta.
Vuelta ingleteada 1 (D): 3 c (cuentan como 1 pa), 2 pa en el mismo esp de 3 c, 1 c, (3 pa, 3 c, 3 pa) en el siguiente esp de 3 c, 1 c, 3 pa en el siguiente esp de 3 c, gira.
Vuelta ingleteada 2 (R): 4 c (cuentan como 1 pa y 1 c), 3 pa en el siguiente esp de 1 c, 1 c, (3 pa, 3 c, 3 pa) en el siguiente esp de 3 c, 1 c, 3 pa en el siguiente esp de 1 c, 1 c, 1 pa en la c de vuelta, gira. Remata el CC1.
Vuelta ingleteada 3: Con el segundo color de contraste (CC2), haz 3 c (cuentan como 1 pa), (3 pa, 1 c) en cada esp de 1 c hasta el siguiente esp de 3 c, (3 pa, 3 c, 3 pa) en el siguiente esp de 3 c, (1 c, 3 pa) en cada esp de 1 c hasta el final de la vuelta, 1 pa en la c de vuelta, gira. Rep la vuelta ingleteada 3 hasta alcanzar el tamaño deseado, cambiando de color cada dos vueltas.

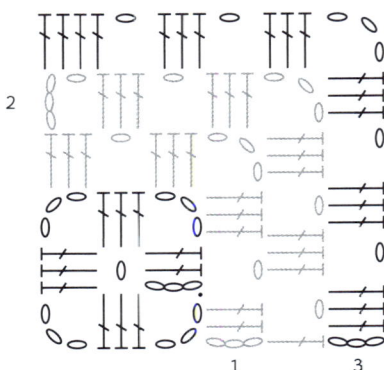

Motivo calado

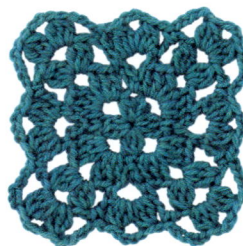

NIVEL
Medio

CADENETA BASE
4

ASPECTO
Una sola cara

Vuelta 1: Haz 4 c, 2 pa en la 4.ª c desde el ganchillo (las c saltadas cuentan como 1 pa), 3 c, (3 pa, 3 c) 3 veces en la misma c que los 2 primeros pa y cierra la vuelta con 1 pr encima de la c inicial.
Vuelta 2: Pr hasta el segundo pa, 4 c (cuentan como 1 pb y 3 c), *(3 pa, 3 c, 3 pa) en el siguiente esp de 3 c, 3 c, salta el pa sig, **1 pb en el pa sig, 3 c y cierra la vuelta con 1 pr encima de la c inicial.
Vuelta 3: Pr hasta el primer pa, 4 c (cuentan como 1 pb y 3 c), *(r3pa [p. 148], 3 c, r3pa) en el siguiente esp de 3 c, 3 c, salta 2 pa, 1 pb en el pa sig, 5 c, **1 pb en el pa sig, 3 c; rep desde *, acabando la última rep en **, y cierra la vuelta con 1 pr encima de la c inicial.
Vuelta 4: 1 pb en el esp siguiente, 3 c, (r3pa, 3 c, r3pa) en el siguiente esp de 3 c, 3 c, 1 pb en el esp siguiente, 1 c, (r3pa, 3 c, r3pa) en el esp de 5 c, 1 c; rep desde * en círculo y cierra la vuelta con 1 pr encima de la c inicial.

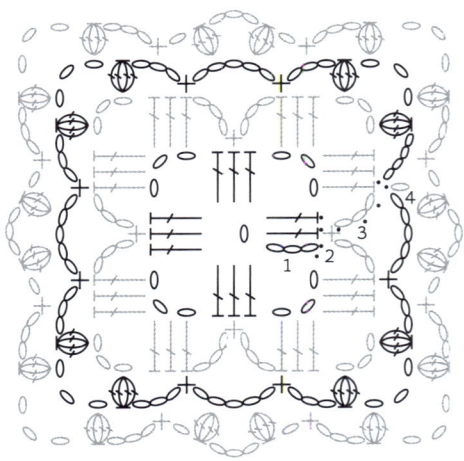

Motivo calado con madroños

NIVEL
Medio

CADENETA BASE
4

ASPECTO
Una sola cara

Vuelta 1: 4 c, 2 pa en la 4.ª c desde el ganchillo (las c saltadas cuentan como 1 pa), 3 c, (3 pa, 3 c) 3 veces en la misma c que los 2 primeros pa, cierra la vuelta con 1 pr encima de la c inicial.

Vuelta 2: Pr hasta el sig esp de 3 c, 3 c (cuentan como 1 pa), (1 pa, 3 c, 2 pa) en el mismo esp de 3 c, 1 c, *(2 pa, 3 c, 2 pa) en el sig esp de 3 c, 1 c; rep desde * en círculo y cierra la vuelta con 1 pr encima de la c inicial.

Vuelta 3: Pr hasta el sig esp de 3 c, 3 c (cuentan como 1 pa), (1 pa, 3 c, 2 pa) en el mismo esp de 3 c, 1 c, 3 pa en el sig esp de 1 c, 1 c, *(2 pa, 3 c, 2 pa) en el sig esp de 3 c, 1 c, 3 pa en el sig esp de 1 c, 1 c; rep desde * en círculo y cierra la vuelta con 1 pr encima de la c inicial.

Vuelta 4: Pr hasta el sig esp de 3 c, 3 c, (1 pa, 3 c, 2 pa) en el mismo esp de 3 c, 1 c, 2 pa en el esp sig, 1 pa en cada uno de los 3 pa sig, 2 pa en el esp sig, 1 c, *(2 pa, 3 c, 2 pa) en el esp de 3 c de esquina, 1 c, 2 pa en el esp sig, 1 pa en cada uno de los 3 pa sig, 2 pa en el esp sig, 1 c; rep desde * en círculo y cierra la vuelta con 1 pr encima de la c inicial.

Vuelta 5: Pr hasta el sig esp de 3 c, 3 c, (1 pa, 3 c, 2 pa) en el mismo esp de 3 c, 1 c, 2 pa en el esp sig, 1 pa en cada uno de los 3 pa sig, 1 madroño (p. 70) en el p sig, 3 pa, 2 pa en el esp sig, 1 c, *(2 pa, 3 c, 2 pa) en el esp de 3 c de esquina, 1 c, 2 pa en el esp sig, 1 pa en cada uno de los 3 pa sig, 1 madroño en el p sig, 3 pa, 2 pa en el esp sig, 1 c; rep desde * en círculo y cierra la vuelta con 1 pr encima de la c inicial.

Vuelta 6: Pr hasta el sig esp de 3 c, 3 c, (1 pa, 3 c, 2 pa) en el mismo esp de 3 c, 1 c, 2 pa en el esp sig, 1 pa en cada uno de los 3 pa sig, 1 madroño en el p sig, 3 pa, 1 madroño en el p sig, 3 pa, 2 pa en el esp sig, 1 c, *(2 pa, 3 c, 2 pa) en el esp de 3 c de esquina, 1 c, 2 pa en el esp sig, 1 pa en cada uno de los 3 pa sig, 1 madroño en el p sig, 3 pa, 1 madroño en el p sig, 3 pa, 2 pa en el esp sig, 1 c; rep desde * en círculo y cierra la vuelta con 1 pr encima de la c inicial. Remata el hilo.

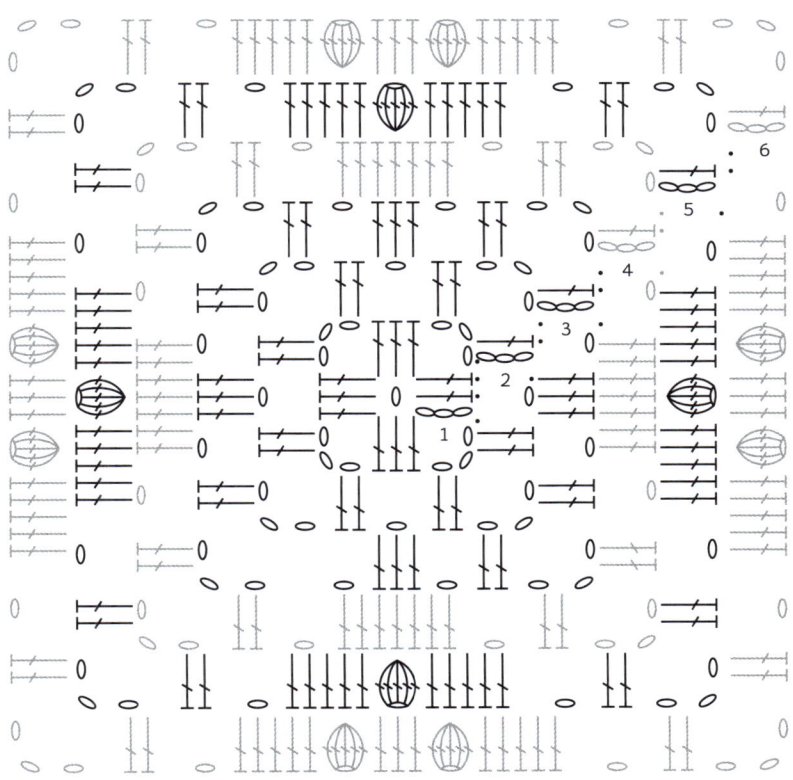

Índice

Agradecimientos de la autora

Este libro ha supuesto un enorme esfuerzo de equipo, así que me gustaría dar las gracias a todo el personal de DK por haber ideado un diseño bonito y fácil de seguir, y por todo su apoyo durante el proceso de diseño de tantas muestras de puntos, especialmente a Amy y Emma por ayudarme a no perder el hilo para producir instrucciones claras y concisas, y crear la biblia de puntos de mis sueños.

Muchas gracias también a Nigel y Ruth, que hicieron que la fotografía paso a paso fuera un proceso tan divertido, ¿quién iba a decir que el ganchillo podía provocar tantas risas? Un agradecimiento especial a Tina Egleton por su fantástico apoyo técnico cuando yo no podía estar allí.

Por último, debo mencionar a Sean, Millie y Florence, que han tenido que compartir conmigo y con la casa montañas de hilos y muestras durante todo el proceso, y a mis amigas Rachel y Joanna por animarme y apartarme de mis ganchillos o de la pantalla para dar un paseo cuando más lo necesitaba.

Finalmente, gracias a todos los que han asistido a mis clases de ganchillo a lo largo de los años por inspirarme a crear libros más útiles e informativos y por hacer que mi trabajo sea aún más agradable.

Agradecimientos de los editores

DK desea dar las gracias a Tina Egleton por su ayuda como técnica de ganchillo en las sesiones fotográficas, a Dan Crisp por las ilustraciones, a Francesco Piscitelli por la corrección de pruebas y a Vanessa Bird por el índice.

Sobre la autora

Claire Montgomerie es una diseñadora textil especializada en ganchillo y punto, creadora de tejidos, prendas, muñecos y complementos divertidos, originales y modernos. Su principal objetivo es reinventar los productos de procesos artesanales antiguos y tradicionales, conservando toda su complejidad y encanto. Claire imparte clases de punto para adultos y niños de todos los niveles, es estilista de manualidades y trabaja para empresas de hilos y con la revista británica *Inside Crochet*. Es autora de varios libros sobre ganchillo y punto, entre ellos *Ganchillo*, también de DK.

Puedes encontrar a Claire en Instagram @clairemontyknits.

DK LONDON
Dirección de adquisiciones Zara Anvari y Becky Alexander
Edición de proyecto Amy Slack
Diseño Glenda Fisher
Producción editorial Tony Phipps
Coordinación de producción Luca Bazzoli
Diseño de cubierta Glenda Fisher
Coordinación de cubiertas y material de ventas Abi Gain
Dirección de arte Maxine Pedliham
Dirección de publicaciones Katie Cowan

Edición Emma Hill
Diseño Tessa Bindloss
Fotografía Ruth Jenkinson
Dirección de fotografía Nigel Wright

DE LA EDICIÓN EN ESPAÑOL
Servicios editoriales deleatur, s.l.
Traducción María Ángeles Martínez de Marigorta
Coordinación de proyecto Helena Peña Del Valle
Dirección editorial Elsa Vicente

Publicado originalmente en Gran Bretaña
en 2023 por Dorling Kindersley Limited
DK, One Embassy Gardens, 8 Viaduct Gardens,
London, SW11 7BW

Parte de Penguin Random House

Título original: *Crochet Stitches Step-by-Step*
Primera edición 2025

ISBN: 978-0-5939-6302-9

Impreso en China

www.dkespañol.com